ERNEST RENAN
DE L'ACADÉMIE FRANÇAISE

L'ABBESSE
DE JOUARRE

DRAME

DIXIÈME ÉDITION

PARIS
CALMANN LÉVY, ÉDITEUR
RUE AUBER, 3, ET BOULEVARD DES ITALIENS, 15
& LA LIBRAIRIE NOUVELLE

1886

L'ABBESSE
DE JOUARRE

L'ABBESSE
DE JOUARRE

PAR

ERNEST RENAN

DE L'ACADEMIE FRANÇAISE
et
DE L'ACADÉMIE DES INSCRIPTIONS ET BELLES-LETTRES

DIXIÈME EDITION

PARIS

CALMANN LÉVY, ÉDITEUR

ANCIENNE MAISON MICHEL LÉVY FRÈRES

3, RUE AUBER, 3

—

1886

Droits de représentation, de reproduction et de traduction réservés.

PRÉFACE

De ma fenêtre, au Collège de France, je vois chaque jour tomber pierre à pierre les derniers pans de mur du collège du Plessis, fondé par Geoffroi Du Plessis, secrétaire du roi Philippe le Long, en 1317, agrandi au xviie siècle par Richelieu, et qui fut, au xviiie, un des centres de la meilleure culture philosophique. C'est là que Turgot, le grand homme le plus accompli de notre histoire, reçut son éducation de l'abbé Sigorgne, le premier, en France, qui comprit parfaitement les idées de Newton. Le collège du Plessis fut fermé en 1790. En 1793 et 1794, il devint la plus triste prison de Paris. On y mettait les suspects, en quelque sorte condamnés d'avance; on n'en sortait que pour aller au tribunal révolutionnaire ou à la mort.

Je cherche souvent à me représenter les discours qu'ont dû entendre ces cellules, éventrées par les démolisseurs, ces préaux, dont les derniers arbres viennent d'être abattus. Je me figure les conversations qui ont été tenues dans ces grandes salles du rez-de-chaussée, aux heures qui précédaient l'appel, et j'ai conçu une série de dialogues que j'intitulerais, si je les faisais, *Dialogues de la dernière nuit*. L'heure de la mort est essentiellement philosophique. A cette heure-là, tout le monde parle bien, car on est en présence de l'infini, et on n'est pas tenté de faire des phrases. La condition du dialogue, c'est la sincérité des personnages. Or l'heure de la mort est la plus sincère de toutes, quand on arrive à la mort dans les belles conditions, c'est-à-dire entier, sain d'esprit et de corps, sans débilitation antérieure. L'ouvrage que j'offre au public est probablement le seul de cette série que j'exécuterai. J'ai encore un grand ouvrage d'histoire religieuse à faire. J'entrevois la possibilité de le terminer. Je ne me permettrai plus désormais de divertissement.

Ce qui doit revêtir, à l'heure de la mort, un caractère de sincérité absolue, c'est l'amour. Je m'imagine souvent que, si l'humanité acquérait la certitude que le monde dût finir dans deux ou trois jours, l'amour éclaterait de toutes parts avec une sorte de frénésie ; car ce qui retient l'amour, ce sont les conditions absolument nécessaires que la conservation morale de la société humaine a imposées. Quand on se verrait en face d'une mort subite et certaine, la nature seule parlerait ; le plus puissant de ses instincts, sans cesse bridé et contrarié, reprendrait ses droits ; un cri s'échapperait de toutes les poitrines, quand on saurait qu'on peut approcher avec une entière légitimité de l'arbre entouré de tant d'anathèmes. Cette sécurité de conscience, fondée sur l'assurance que l'amour n'aurait aucun lendemain, amènerait des sentiments qui mettraient l'infini en quelques heures, des sensations auxquelles on s'abandonnerait sans craindre de voir la source de la vie se tarir. Le monde boirait à pleine coupe et sans arrière-pensée un aphrodisiaque puissant qui le ferait mourir de plaisir. Le dernier soupir serait comme un baiser de sympathie adressé à l'univers et peut-être à quelque chose au delà. On mourrait dans le sentiment de la plus haute adoration et dans l'acte de prière le plus parfait.

C'est ce qui arrivait aux martyrs de la primitive Église chrétienne. La dernière nuit qu'ils passaient ensemble dans la prison donnait lieu à des scènes que les rigoristes désapprouvaient; ces funèbres embrassements étaient la conséquence d'une situation tragique et du bonheur qu'éprouvent des hommes et des femmes réunis, à mourir ensemble pour une même cause. Dans une telle situation, le corps, qui va être supplicié tout à l'heure, n'existe déjà plus. L'idée seule règne ; la grande libératrice, la mort, a tout abrogé ; on est vraiment par anticipation dans le royaume de Dieu.

J'espère que mon Abbesse plaira aux idéalistes, qui n'ont pas besoin de croire à l'existence d'esprits purs pour croire au devoir, et qui savent bien que la noblesse morale ne dépend pas des opinions métaphysiques. On entend sans cesse, de nos jours, et dans les sens les plus opposés, parler de l'affaiblissement des croyances religieuses. Combien, en pareille matière, il faut prendre garde au malentendu ! Les croyances religieuses se transforment ; elles perdent leur enveloppe symbolique, qui n'est que gênante, et n'ont plus besoin de la superstition. Mais l'âme philosophique n'est en rien atteinte par ces évolutions nécessaires. Le vrai, le beau, le bien ont par eux-mêmes assez d'attrait pour n'avoir pas besoin d'une autorité qui les commande, ni d'une récompense qui y soit attachée. L'amour, surtout, gardera toujours son caractère sacré. Dans les pays de foi naïve, comme la Bretagne, la pauvre fille qui s'abandonne, au moment de la jouissance suprême, fait le signe de la croix. Les paradoxes modernes ne m'inspirent pas plus d'inquiétude pour la persistance du culte idéal que pour la perpétuité de l'espèce. Le danger ne commencerait que le jour où les femmes cesseraient d'être belles, les fleurs de s'épanouir voluptueusement, les oiseaux de chanter. Dans nos terres clémentes, et avec nos races amies du plaisir, ce danger-là, grâce à Dieu, paraît encore fort éloigné.

L'ABBESSE DE JOUARRE

PERSONNAGES :

JULIE-CONSTANCE DE SAINT-FLORENT, abbesse de Jouarre; figure au quatrième acte sous le nom de Mme Jouan.
LE MARQUIS DE SAINT-FLORENT, son frère.
LE MARQUIS D'ARCY.
LE COMTE DE LA FERTÉ.
LA FRESNAIS, officier républicain.
JULIETTE, enfant.
L'ABBÉ CLÉMENT.
GUILLAUMIN, concierge de la prison du Plessis.
JACQUEMET, commissaire.
JEANNE, femme de Guillaumin.
Mme AUGUSTE,
Mme DENYS, } marchandes de pain d'épices.
GROMMELARD,
RABOURDIN, } nouvellistes.
FRANÇOIS, jardinier.
UN SERGENT.
Condamnés, Militaires, Nouvellistes, Promeneurs.

ACTE PREMIER

L'acte se passe dans le préau de l'ancien collège du Plessis, devenu prison. Quelques arbres, bancs et chaises de paille. Portes vitrées au fond, donnant dans l'intérieur du collège.

SCÈNE PREMIÈRE

Sur un banc, à gauche, le marquis d'Arcy, pâle, se tenant la tête dans les mains. A côté de lui, le comte de la Ferté. D'autres condamnés vont et viennent lentement : les uns seuls, les autres par groupes. Sur un banc, vers la droite, deux ou trois femmes, vêtues de noir, la figure à demi voilée. Au premier plan, Guillaumin, tenant un trousseau de clefs, et Jacquemet. — Roulement de tambour.

GUILLAUMIN.

Triste métier, tout de même, que nous faisons là ! Pauvre Plessis ! Depuis quatre ans qu'il est devenu propriété nationale, à quels désolants offices je l'ai vu servir ! Espérons que la nation trouvera de meilleurs emplois pour ses propriétés à l'avenir. Ces murs suintent la mort. Dire qu'on ne va, de chez nous, qu'au tribunal révolutionnaire ou à l'échafaud !...

JACQUEMET.

C'est vrai ; je n'ai vu personne sortir d'ici acquitté ou gracié. La porte de notre hangar là-bas ne s'ouvre que pour la charrette qui vient chaque matin chercher sa fournée. C'est horrible !

GUILLAUMIN.

Moi, j'ai la conscience en repos. J'étais, depuis dix ans, portier du collège du Plessis ; le collège du Plessis est devenu une prison, je suis portier de la prison. Que pouvais-je faire ? Un concierge ne peut cependant pas abandonner la porte qu'il est chargé de garder.

JACQUEMET.

Et moi donc ?... J'étais commissaire des prisons du roi. Il n'y a plus de roi ; mais il y a tout de même des prisons. Il faut des gens sachant leur état pour les garder. On m'a délégué à celle-ci. Le Comité de salut public tire de chacun ce que comporte son emploi. Nous sommes dans un temps où le mal est une force, où il faut détruire le prix de la vie humaine, où la parole est à la hache et au maillet. Plus on est voué à une basse besogne, plus on sert, à l'heure qu'il est. Après tout, d'autres seraient pires que nous. En cachette, nous trouvons encore le moyen de rendre service à de pauvres diables.

SCÈNE II

On entend dans le lointain le *Ça ira* et le *Chant du départ*.

PREMIER CONDAMNÉ.

Quelle infernale musique ! Quelle dérision ! Oh ! tuez-nous du moins sans nous insulter !

DEUXIÈME CONDAMNÉ.

Cruelle expiation d'avoir rêvé le bonheur des hommes !

AUTRE.

Quelle leçon pour l'avenir ! Comme on se gardera maintenant de travailler au bien du peuple !

AUTRE.

Oui, le peuple tue ceux qui l'aiment. C'est affreux !

AUTRE.

Et dire qu'on ne se découragera pas néanmoins de se sacrifier pour lui !

AUTRE.

Encore douze heures ; O Dieu !

On entend dans la rue le cri : La victoire ou la mort ! Jacquemet sort.

SCÈNE III

LE COMTE DE LA FERTÉ, à D'Arcy.

Ce qu'il y a d'insupportable, c'est de mourir pour une race de singes. Ce qui se passe est odieux, c'est surtout bête. Entendez-vous ces forfanteries de gens ivres, cet enthousiasme de badauds. Ils s'imaginent vaincre des armées sérieuses avec des gasconnades. On se croirait à Naples : *feroce al Faccia nemico !* Est-ce assez grotesque ?

D'ARCY.

Oui, à moins que ce ne soit admirable.

LA FERTÉ.

Que dites-vous ?

D'ARCY.

S'ils sont vaincus, ce qui se passe n'aura été

qu'un amas de crimes, de sottises, d'impertinences. S'ils sont vainqueurs...

LA FERTÉ.

Mais c'est impossible. Pouvez-vous croire que le désordre, l'anarchie, la bassesse l'emportent sur l'ordre, la discipline, la raison ; qu'une vile canaille, en rupture de ban, triomphe de l'Europe civilisée ? Aujourd'hui, c'est le crime ; demain, ce sera la honte. Voilà pourquoi j'attends leur coup de hache, irrité, écœuré. J'ai vingt fois bravé la mort; sur un signe du devoir, j'irais à l'instant au-devant d'elle. Mais une mort sordide, qu'on reçoit sans pouvoir la donner, commandée par les plus ignobles suppôts de la plus honteuse révolte... horreur ! Je ne croirais plus à la noblesse de mon sang, si je ne répondais à de telles injures par une protestation muette, par un acte de mépris.

D'ARCY.

Je suis plus résigné que vous, cher compagnon

d'armes. Il faut attendre. Si, dans les douze ou quinze heures qui nous séparent de la mort, j'entendais un cri de victoire, je mourrais consolé. Le sentiment de la patrie, que nous avons créé, nous autres gentilshommes libéraux, mais auquel l'ancien ordre social ne permettait de se développer qu'à demi, acquiert peut-être en ce moment toute sa force. Ce que nous avons voulu, ce à quoi nous avons consacré notre vie, se développe sans nous et contre nous; il faut y applaudir quand même. L'inexorable loi qui gouverne les choses humaines fonde la justice avec l'injustice, le progrès de la raison avec la barbarie. Nous-mêmes, n'avons-nous pas été, à l'origine, les instruments irréfléchis du mouvement que nous voudrions maintenant arrêter ? Chacun obéit à sa nature. Pour moi, je suis toujours avec ceux qui aspirent à l'inconnu. La justice est en avant de nous, et non pas en arrière.

LA FERTÉ.

Vous voulez donc enlever à la victime sa dernière consolation, le droit de maudire ses bourreaux ?

D'ARCY.

Au contraire, je veux prouver à la victime qu'elle a toujours le droit de se consoler. Je le vois, dans les grandes pacifications de l'avenir, ce temple des victimes, où un même encens fumera en l'honneur de ceux qui donnèrent leur vie pour des causes opposées. Je vois ses coupoles dominant Paris, et chacun à son tour gravissant la colline, le front incliné au souvenir de ses ancêtres et l'œil rempli de pleurs.

LA FERTÉ.

De vous à ceux qui croient à la Providence, je vois peu d'intervalle.

D'ARCY.

Il y en a peu, en effet. J'ai été élevé dans ce collège, plein encore des souvenirs de M. Turgot ; je respirai, dès mon enfance, le parfum de sagesse que répandait autour d'elle cette grande âme, tendre et bonne, sincère et droite, qui était une démonstration vivante de la vertu. A l'ombre de ces mêmes arbres, sous ces mêmes portiques, alors si paisibles, nous discutions avec des maîtres éclairés les hauts problèmes qui sont la noblesse de la vie et la consolation de la mort. Nous arrivâmes à penser qu'entre tous ceux qui croient à l'idéal, quelles que soient leurs apparentes divergences, il n'y a qu'une différence dans la manière de parler. Là-bas, ce petit prêtre se console avec son christ. Moi, j'ai la certitude que mon existence entrera comme un élément dans une œuvre éternelle. Je suis moins éloigné de lui que de l'épicurien qui se lamente sur la perte de la vie.

LA FERTÉ.

Merci pour ces paroles, ami très cher. Demain, dans la charrette fatale, je me mettrai à côté de toi. Tu seras mon prêtre. Je renonce à la haine ; grâce à toi, je vais pouvoir pleurer.

D'ARCY.

Oui, la planète Terre est une douce patrie ; on ne saurait la quitter sans regrets. Te dirai-je la folie qui me traverse l'esprit? Je voudrais revivre en une heure toute ma vie. Je voudrais voir auprès de moi tous les êtres que j'ai aimés, pour les embrasser une dernière fois. Chères images du passé, dois-je vous accueillir? dois-je vous repousser? Non ; venez toutes me procurer un dernier songe.

<small>Il ferme les yeux, et il se rejette en arrière.</small>

SCÈNE IV

<small>On entend frapper à la porte d'écrou. Guillaumin ouvre. Jacquemet entre, faisant passer devant lui l'abbesse de Jouarre. L'abbesse est vêtue d'un long costume noir et d'une sorte de voile qui l'enveloppe du haut de la tête jusqu'aux pieds. Bandeau blanc sur le haut du front. Elle jette un coup d'œil rapide sur toute la cour, sans arrêter ses regards sur personne. Elle se dirige vers une chaise à gauche.</small>

D'ARCY, <small>ouvrant les yeux et se retournant.</small>

Vœu trop exaucé ! Le passé lui-même se levant

devant moi ! L'abbesse de Jouarre, la seule femme que j'aie aimée ! Aussi belle, aussi calme que jamais !

Il se lève, et, après avoir hésité un instant, s'approche de l'abbesse.

L'ABBESSE, le reconnaissant.

O mon ami, quel jeu du sort !... Non, l'heure est trop solennelle ; ce serait une profanation. Ne me voyez pas, ne me reconnaissez pas. Faisons comme si nous étions morts tous les deux ; nous le serons dans douze heures.

D'ARCY, vivement.

Cette rencontre est l'indice d'une haute volonté pleine d'amour. Le ciel nous offre une dernière joie. Julie, la repousser serait un crime. Rappelez-vous le Christ, qui refusa d'abord le calice, mais ne repoussa pas l'ange consolateur.

L'ABBESSE.

Non ; si vous m'aimez, laissez-moi. Je vous le

demande. Il me sera doux de penser que je meurs avec vous. Ce soir, dans ma cellule de condamnée, demain, sur les bancs de la charrette, vous serez dans ma pensée. Mais songez au respectueux amour qui a toujours empêché nos lèvres de se joindre. Songez à mon vœu, rendu mille fois plus sacré par le martyre que j'endure pour lui ; respectez ce bandeau que je porterai demain sur l'échafaud. D'Arcy, je vous connais ; vous êtes la plus grande âme, le plus grand cœur que Dieu ait fait en nos tristes jours. Je vous aime. Au nom de notre amour, laissez-moi ; ne me reconnaissez pas.

<small>Elle tombe sur une chaise, et fond en larmes. D'Arcy s'écarte. Au bout d'un moment de silence, l'abbesse se lève et s'approche de Jacquemet.</small>

(A Jacquemet.) Monsieur, ne pourriez-vous pas m'indiquer sur-le-champ la cellule que je dois occuper cette nuit ?

JACQUEMET, bas.

Tout à votre service, madame.

<small>Il la conduit à une des portes donnant sur l'intérieur, et la suit.</small>

SCÈNE V

D'ARCY.

Est-ce une vision? est-ce une réalité?

LA FERTÉ.

C'est en tout cas, cher ami, la plus belle récompense de votre vie, si noble et si pure. De tels hasards feraient croire à Dieu. Entrevoir, un instant avant de mourir, la femme supérieure qui a traversé votre vie en y versant le charme, puis la voir s'évanouir comme une ombre sur le seuil de l'infini! quelle destinée favorisée entre toutes! Ah! D'Arcy, vous avez des raisons, vous, de bénir la mort. Deux fois seulement, j'ai aperçu la merveille de sagesse, de raison et de beauté, dont vous avez pu étudier toutes les perfections intérieures. C'était chez notre ami, le marquis de

Saint-Florent, son frère aîné. La solidité de son jugement, l'étonnante liberté de son esprit formaient un ravissant contraste avec l'habit qu'elle portait; c'était comme un parfait accord résultant de notes opposées, la philosophie de notre temps et l'amour du passé fondus ensemble et pacifiés. Comme je comprends que vous l'ayez aimée!

D'ARCY.

Ce mot ne peut s'appliquer qu'avec réserve à l'affection qui nous unit. J'eus pour elle une de ces amitiés d'enfance qui embaument toute une vie et servent de chemin couvert à l'amour, en permettant une grande familiarité. Elle a vingt-quatre ans; j'en ai quarante! Je l'avoue, j'eus une heure cruelle; ce fut le soir où, pour la première fois (elle avait au plus seize ans), je la vis en costume religieux dans le salon de son père. L'abbaye de Jouarre était due comme un fief aux grands services que sa famille avait rendus à l'État. Sa sagesse, sa raison précoce, le sérieux de son esprit, son goût pour l'étude la désignaient, d'ailleurs, pour des fonctions que nous espérions alors faire tourner au profit de la morale publique et de l'éducation de la nation. Elle pensait que, pour aider au progrès de l'esprit, il faut être irréprochable sur les mœurs. Avec les plus libres opinions et la plus ferme raison, elle fut aussi pure que les saintes du moyen âge, dominées par la foi la plus absolue. C'était plaisir de la voir discuter du ton le moins alarmé tous les problèmes du temps, soutenir les droits du peuple, appeler de ses vœux un christianisme libéral, qui eût appliqué des institutions séculaires et des richesses devenues nationales à l'éducation du peuple. On eût dit sainte Fare ou sainte Bathilde, ayant lu Voltaire et commentant Rousseau. Sa beauté, relevée par le *minimum* de costume religieux qu'elle portait dans le monde, était une coupe pleine d'enchantements. La revoir, quand on avait causé avec elle, devenait une soif, un besoin de toutes les heures, une obsession.

J'avais donc alors trente-deux ans ; son investiture, selon les usages du temps, constituait plutôt une intention qu'un vœu formel. Comment, me direz-vous, n'essayai-je pas de l'arracher à des liens assez artificiels, vu nos idées philosophiques, et de contracter avec elle une union qui eût été, sans aucun doute, la perfection du mariage? Parce que je l'aimais trop et que nos principes étaient trop complètement les mêmes. Sans partager les anciennes croyances, j'aurais cru commettre un sacrilège, non seulement en la détournant de ses devoirs, mais en concevant même l'idée qu'elle pût en être détournée. C'eût été détruire de mes mains ma propre idole. Fermes dans notre foi philosophique, nous espérions encore que l'Église serait un jour la plus ardente propagatrice de ce que nous tenions pour la vérité. Nous disions souvent que la réforme rationnelle de l'Église ne se ferait que par des personnes engagées dans l'Église et absolument en règle avec ses observances extérieures. Le déluge est venu, emportant tous nos rêves, toutes nos espérances. Mais la virile nature de mon amie ne sut jamais plier. Elle ne quitta l'abbaye, en 1790, que quand les commissaires vinrent en prendre possession au nom de la nation. Elle refusa de suivre son frère, le marquis de Saint-Florent, dans l'émigration, ne voulut jamais abandonner sa robe noire, son bandeau, et vécut tellement ignorée, que je perdis sa trace. J'aurais craint, d'ailleurs, en la cherchant, de la dénoncer aux rigueurs de nos soupçonneux tyrans; car vous savez que, depuis dix-huit mois, ma vie est celle d'un proscrit. Si je dois m'étonner de quelque chose, c'est que la mort ne soit venue qu'aujourd'hui me frapper.

LA FERTÉ.

Il te reste quelques heures. Ne vas-tu pas chercher à la revoir?

D'Arcy tremble et pâlit.

D'ARCY.

O mort, sois ma conseillère !

Il retombe dans une profonde rêverie.

SCÈNE VI

Un groupe de condamnés passe.

PREMIER CONDAMNÉ.

Le jour baisse; quelle nuit en perspective !

DEUXIÈME CONDAMNÉ.

L'appel a lieu au point du jour. Au mois de juillet, les nuits sont courtes. (Silence)

Un autre groupe passe.

TROISIÈME CONDAMNÉ.

Pardonnez mon insistance; je tiens tant à savoir votre idée précise ! Voici, à ce qu'il me semble, le résumé de votre opinion : il est gratuit d'affirmer Dieu ; il est téméraire de le nier. La survivance de la personnalité a contre elle toutes les apparences ; il n'est pas impossible cependant que, dans l'infini du temps, elle se retrouve.

QUATRIÈME CONDAMNÉ.

C'est cela même.

TROISIÈME CONDAMNÉ.

Dieu vous paraît, je crois, plus probable que l'immortalité.

QUATRIÈME CONDAMNÉ.

Beaucoup plus.

On entend un roulement de tambour. C'est le signal pour rentrer dans les cellules. Les condamnés s'écoulent lentement par les portes du fond. D'Arcy reste le dernier, et s'entretient tout bas avec un sergent qui fait des signes d'assentiment.

LE SERGENT, bas.

Je ferai ce que vous désirez, monsieur le marquis.

Tous sortent. Le roulement cesse par un coup sec.

ACTE II

L'acte se passe dans une cellule de l'ancien collège, devenue cellule de prison ; pièce grande et nue ; murs blanchis à la chaux. Une petite table et deux ou trois chaises de paille ; au coin, à gauche, une couchette et un vieux fauteuil.

SCÈNE PREMIÈRE

JULIE, seule, assise à côté de la petite table.

L'horreur n'est pas de mourir : c'est de mourir sans un témoin de son innocence, sans un juge qu'on puisse invoquer, sans un œil ami qui vous voie et vous soutienne. Ah ! froides abstractions, que vous êtes des consolatrices insuffisantes à celui qui est en face du néant. Courage, courage, ô mon cœur ! Huit heures d'attente ! que c'est long quand le terme est la mort !

<small>Silence, soupirs.</small>

J'ai du moins l'assurance d'avoir accompli ma

tâche. J'ai voulu l'amélioration du sort de l'humanité ; j'ai bien servi la nation envers laquelle ma naissance m'avait assigné des devoirs. Descendante de ceux qui ont fondé la France, j'ai gardé leurs traditions, dont la première était la fidélité au serment prêté. La règle que les institutions existantes m'imposèrent, je l'ai respectée ; je meurs à mon poste, comme tant de braves de ma famille, qui ont versé leur sang sur les champs de bataille ; j'ai le droit d'être calme.

L'Église, avec la noblesse, a tiré du néant cette nation, qui maintenant, arrivée à la virilité, égorge ses fondateurs. Chacun portera sa responsabilité devant Dieu ; pour moi, je tiendrai mon front haut et tranquille. Ces instituts fondés, transformés par les siècles et où le bien l'emportait sur le mal, j'ai contribué à les maintenir. J'ai enseigné le devoir comme l'entendait le passé, en pénétrant mes leçons de l'esprit de mon siècle. J'ai fait le bien dans ma mesure. Je n'ai rien à me reprocher ; je mourrai en paix.

Ai-je eu tort de voir clair, quand la lumière est venue me frapper? Ai-je eu tort de suivre le mouvement des idées philosophiques, quand il est devenu évident que les croyances reçues étaient en beaucoup de points insoutenables? Non, non, je ne m'en repentirai jamais. J'ai obéi à la raison. Cette grande et bienfaisante religion chrétienne, telle que notre race et les siècles l'ont faite, avait réservé des asiles pour les femmes sérieuses, préparées par leur nature d'élite à distinguer le fond de la religion, qui est l'âme même de l'humanité, des erreurs qui l'entachent. J'ai été une de ces femmes. J'ai pris au sérieux la vérité. Devais-je renoncer avec éclat à des formes dont ma raison voyait le vide, tout en reconnaissant ce qu'elles avaient d'utile? Je n'ai pas cru devoir le faire. M. Turgot, qui m'adopta comme sa fille spirituelle, me l'interdit. Il disait souvent qu'il n'avait pu se résoudre à porter toute sa vie un masque sur son visage. Ce bandeau n'est pas un masque. Il est le signe des devoirs de la femme, plus stricts que ceux de l'homme. Il rappelle la vieille austérité de nos mères. Ce costume, devenu avec le temps le signe d'un ordre à part, était celui que portaient autrefois toutes les femmes respectées. Longue série de mères chastes, qui avez fait la noblesse de notre sang, je suis votre digne fille; j'ai continué votre tradition à ma manière. La force d'une nation, c'est la pudeur de ses femmes. J'ai gardé mon vœu à la patrie, plus encore peut-être qu'à la religion. (Silence.) Oui, je l'ai gardé. Il n'y a pas de vœu pour la croyance (on croit ce qu'on trouve vrai, non ce qu'on désire); il y en a pour la règle de la vie. J'ai cru, je crois encore à ce qui dans la religion ne changera jamais; j'ai enseigné la règle à une génération qui sera un jour l'âme de la France. A vingt-quatre ans, j'ai rempli ma destinée. Bourreaux ineptes, faites votre ouvrage.

Je l'avoue, j'aimais la vie. Je l'ai trouvée bonne et savoureuse. Dieu fut toujours prodigue pour moi de lumière et de grâce. Il m'entoura dès ma naissance d'êtres bienveillants. J'héritai de tout ce qu'il y eut de bon dans l'ancien esprit de la France, en le corrigeant par la sagesse du temps présent. J'ai connu les hommes les meilleurs et les plus grands de mon siècle. Aux jeunes filles qui m'entouraient, je n'ai donné que des préceptes de bienséance et de courage. Si l'œuvre de l'humanité est sérieuse, j'ai compté pour un bon anneau dans cette chaîne sans fin.

J'ai aimé une fois, j'en suis fière. Homme excellent! Quelle preuve il m'a donnée tout à l'heure de la hauteur de son âme! Il pouvait troubler mes dernières heures; il a suffi d'un mot de moi pour qu'il m'ait permis de l'oublier dans ce suprême entretien avec Dieu, où l'âme ne doit pas être surprise. Pauvre D'Arcy! Comme il était digne de moi! Journées délicieuses que je passai avec lui chez M. Turgot, qui le prisait si fort, et dans la maison de mon père! Il m'aima tout d'abord, comprit ma réserve, admit parfaitement que les étroites règles dictées par des croyances ruinées ne sont pas néanmoins abolies, que le devoir est, comme l'honneur, en dehors et à quelques égards au-dessus du raisonnement. Ses sentiments étaient en tout les miens. La foi que j'avais en son honneur, comme celle qu'il avait en ma vertu, était absolue. Et demain, il va mourir avec moi. Nous serons assis côte à côte. Nous échangerons nos pensées jusqu'à la dernière heure. Le même couperet tranchera nos têtes ; notre sang se mêlera ; nos têtes s'embrasseront peut-être dans le panier.

Elle éprouve un frisson, puis fond en larmes.

O Dieu, j'ai eu tort sans doute de trop subtiliser ton existence. Une entité idéale ne me suffit plus ; je voudrais un consolateur vivant. Préférer la pudeur à la vie, sacrifier tout au devoir abstrait, nous le faisons avec allégresse ; mais qu'il y ait au moins quelqu'un pour nous voir, pour nous encourager, pour nous accueillir dans ses bras à l'extrémité de l'arène sanglante !.. Morne sérénité, tu ressembles trop au néant. O vide horrible ! Quelqu'un, au nom du ciel! quelqu'un! Je ne sais pas bien qui je prie; mais je prie.

Elle tombe à genoux.

SCÈNE II

Pendant que Julie est en prières, la porte s'ouvre sans bruit. D'Arcy entre, puis la porte se referme, sans que Julie s'en aperçoive. D'Arcy reste en contemplation, immobile. En retournant la tête, Julie l'aperçoit.

JULIE.

O trahison! trahison! Et c'est vous qui êtes le traître, cher ami! J'avais accompli mon sacrifice, je priais. Je pensais à vous, je ne le cache pas. Je pensais à vous devant Dieu. O mon ami, qu'avez-vous fait? N'avez-vous pas compris que, pour nous consoler jusqu'au moment où nos têtes tomberont sous le même couteau, notre amour devait rester pur, que la force brutale qui nous séparait était bienfaisante? Comment, par une faute, unique en votre vie, avez-vous terni l'image

que je voulais emporter de vous dans l'éternité?
Cruelles heures, que je voulais passer à prier et à
rêver, et où vous me mettez dans l'alternative de
manquer à mes serments ou de lutter contre mon
cœur !...

D'ARCY.

Julie, ce que l'on fait en présence de la mort
échappe aux règles ordinaires. Qui nous jugera ?
Dieu, c'est-à-dire la réalité des choses, voit la
pureté de notre vie. Les hommes n'existent plus
pour nous; nous sommes seuls au monde, dans la
situation où seraient deux naufragés sur une épave,
assurés de mourir dans quelques heures. Pourquoi
la nature a-t-elle posé des freins mystérieux à
l'attrait le plus profond qu'elle ait mis en nous?
Parce que l'avenir de l'humanité est à ce prix.
Notre amour, chère Julie, sera sans avenir. Le
frémissement tendre que nous ressentirons jusqu'à
ce que la hache nous saisisse en sera toute la
suite. Il n'y a pas d'exemple qu'on ait passé deux

nuits dans ce vestibule de la mort. Si Dieu réservait aux amants disparus, sans avoir joui l'un de l'autre, une nuit de grâce au delà de la tombe, leur reprocherait-on de goûter l'heure qui leur serait réservée par un décret bienveillant? Telle est notre position. Il n'y a pas de lendemain pour notre amour. Vous savez le respect que j'ai toujours eu pour les nécessités de la société humaine, même quand il y entre une part de convention. Mais quel droit ont sur nous les hommes en ce moment? Nous sommes quittes envers eux. Honte assurément à qui ne voit dans l'amour que le plaisir passager, sans songer à ses conséquences sacrées! Pauvre amie! ce qui eût été le bonheur de notre vie, si des lois que nous avons respectées ne l'eussent interdit, nous sera refusé. Le fruit de notre amour mourra avec nous, avorton de quelques heures, perdu dans le sein de la nuit infinie...

JULIE éclate en sanglots.

Arrêtez-vous, vous me percez le cœur.

D'ARCY.

Votre grande intelligence, saisissant à la fois les pôles opposés des choses, a toujours séparé l'esprit de la lettre, l'institution de son but idéal, la convention de ce qui la justifie. La nature veut que nous jouissions, et elle nous commande de limiter notre jouissance. Elle veut que nous aimions, et elle nous fait trembler devant l'amour. Jamais je n'ai médit de ces règles en apparence arbitraires, qui sont la condition même de l'existence. La société rieuse où nous avons vécu ne m'a pas imposé sa frivolité. L'amour a toujours été pour moi quelque chose de sacré. Il le fut aussi pour vous. Eh bien, pourquoi ne voulez-vous pas que nous goûtions les fruits de notre innocence? Un moment de bonheur, un moment d'oubli ne nous est-il pas bien dû? Est-ce trop vraiment que la vertu ait, à la dernière heure, une rapide mais souveraine récompense? Ma chère, ma chère, les heures passent; déjà l'aube de notre dernier jour commence à poindre. Laissez-moi prendre sur vos lèvres un baiser.

JULIE.

Ami, je fais mal peut-être; mais je vous aime de tout mon cœur.
Elle se laisse baiser sur les lèvres.

D'ARCY.

N'est-il pas vrai, très chère, que voilà bien le couronnement de notre vie? Votre pudeur est légitime; elle est une des raisons pour lesquelles je vous aime. Mais écartez cette pensée que l'amour soit une jouissance vulgaire; écartez la distinction superficielle de l'âme et des sens. Qu'est-ce que l'âme sans le corps; et les sens, que sont-ils si ce n'est une intime communion avec l'univers? Le bien est le but de ce monde, et l'amour est l'expression intense du bien. Tout dans la nature nous dit : « Aimez-vous. » Qui le dit plus éloquemment que la mort? Supposez le monde à la veille de finir, oui, je dis que l'amour seul devrait régner sans loi, sans limites, puisque ce qui limite et règle l'amour, le droit sacré de l'être qui en sort, n'aurait plus aucun sens. Le célibat de quelques-uns est la conséquence de la famille telle qu'elle est organisée. Votre vœu n'existe plus. Le lien que la nature avait créé entre nous deux dure seul; il dure plus impérieux, plus absolu, plus unique que jamais.

JULIE.

Oh! lutte affreuse! D'Arcy, vous me forcez à vous haïr. Pourquoi êtes-vous venu?

Elle va vers la porte, la trouve fermée.

Laissez-moi, laissez-moi !

Elle tombe à genoux sur le bord du lit.

O Dieu des âmes simples, pourquoi t'ai-je abandonné? Qu'il en coûte de se faire dans l'ordre moral une loi pour soi seul! Restée fidèle à la règle commune, je participerais à ces calmants de la dernière heure qui écartent les pensées profanes, les souvenirs amers, et font qu'on arrive au moment où l'ombre s'épaissit comme enivré par ce vin de myrrhe que les femmes de Jérusalem préparaient autrefois pour adoucir les derniers moments des suppliciés. Rites sacrés qui trompez les heures, onctions mystérieuses qui avez bien raison d'être inintelligibles, puisque vous parlez de l'inconnu, vous m'êtes refusées. Condamnée à voir les minutes se succéder avec une clarté inexorable, j'ai tué en moi l'inconscience. Tout à l'heure, j'allais m'endormir dans la prière. D'Arcy, pourquoi m'avez-vous réveillée ?

D'ARCY.

Le temps donné au sommeil est perdu pour la vie. Vous voulez, à force de réflexion, revenir à la naïveté. Enfantillage vraiment ! Si notre état intellectuel et moral était celui de tant d'âmes qui ont substitué la raillerie à la dévotion, la légèreté au sentiment profond de la vie, votre raisonnement serait juste. La mort est une heure fatalement sérieuse. A cette heure, l'homme frivole doit ou redevenir peuple ou chercher à s'étourdir. Tel n'est pas notre cas, chère amie. Nous avons acquis le droit, par les principes élevés qui ont présidé à notre vie, de ne pas nous repentir et de ne pas nous étourdir. Supporter le mal, accueillir le bien, voilà notre philosophie. La mort que nous allons subir dans quelques heures nous trouve résignés. Nous n'avons pas la prétention d'être au-dessus des jeux funestes du hasard. Pourquoi nous mettrions-nous au-dessus de ses rencontres bienveillantes? Rêve étrange que ce passage à travers la réalité ! Expiation ou perfectionnement selon les uns, farce lugubre selon les autres, pour nous résultat le plus haut de la vie de l'univers ! Nous n'avons point partagé les illusions de l'ascète. D'un autre côté, nous n'avons jamais laissé le faux sourire du libertin errer sur nos lèvres; pourquoi, à la dernière heure, partagerions-nous ses palinodies et ses terreurs? Vous pensiez tout à l'heure au ministère du prêtre; ne suis-je pas un prêtre pour vous? Chère Julie, par l'ordre de la nature, supérieur à toutes les fictions des hommes, c'est votre époux que je devais être. Des conventions dont nous voyions bien le caractère temporaire et relatif, mais que nous tenions pour les pierres d'angle d'un édifice social dont nous faisions partie, vous ont vouée à un célibat à quelques égards sacrilège. Cet état social n'existe plus. Assignés pour une mort très prochaine, nous sommes libres; les lois établies en vue des nécessités d'un monde durable n'existent plus pour nous. Bientôt nous serons dans l'absolu du vrai, qui ne connaît ni temps ni lieu. Devançons les heures, chère Julie. Les hommes nous tuent; profitons de leur arrêt; ne nous tenons pas pour obligés par leurs lois vaines et passagères; ce sont eux-mêmes qui les abrogent pour nous. Ah! qu'est-ce donc qui nous empêche de mourir de la joie de nos baisers?

JULIE.

Que je voudrais être de ces femmes qui, pressées, ont une réponse : « Ayez des égards pour ma faiblesse. » Ce serait une hypocrisie de ma part, de vous dire cela. Je ne suis pas faible. J'ai toujours pris dans la vie le parti le plus héroïque et le plus dur. Je pouvais, ces jours derniers, échapper au tribunal révolutionnaire. Il suffisait d'un léger mensonge, d'une dissimulation, à peine coupable, de ma dignité. Je n'ai pas cru que l'abbesse de Jouarre pût s'abaisser à un tel compromis. J'ai accepté la mort, j'ai été au-devant d'elle. Non ; je ne faiblirai pas ; c'est impossible. Laissez-moi, D'Arcy. Sûrement, nous n'avons en ce moment à tenir compte de personne ; mais, jusqu'à la chute du couperet, nous aurons à tenir compte de nous-mêmes. J'ai mon orgueil ; voulez-vous donc que je me présente devant la mort amoindrie à mes propres yeux ?

D'ARCY.

Ah! l'orgueil! chère Julie, et l'orgueil à cette heure, avec moi, votre ami, votre frère ! De l'or-

gueil avec celui à qui vous avez donné votre cœur !
Que les anciens maîtres avaient raison de croire
que la vertu d'une femme a toujours besoin d'être
humiliée ! L'humiliation est nécessaire à la femme.
La nature l'a voulu. Abélard ne fut maître d'Héloïse que quand il l'eut domptée. Vous croyez entrer plus grande dans l'éternité avec votre attitude
inflexible. Erreur, croyez-moi. Moindre vous y serez. Si j'étais Dante, je ferais, dans mon Enfer, le
cercle des orgueilleuses, qui ont vu dans le mépris
des hommes une grandeur. La vertu altière est
chez la femme un vice. Quelque chose vous manquera éternellement ; éternellement, vous pleurerez votre virginité ; croyez-moi. Respectable est la
pauvre fille que la fatalité a condamnée à une vie
incomplète. Mais vous, le don suprême s'est présenté à vous dans des circonstances uniques, et
vous l'avez repoussé. L'ami parfait que le ciel
vous avait accordé, vous l'avez renvoyé à ses
pleurs. Vous pouviez enchanter ses dernières
heures, et faire de son supplice l'équivalent d'une

récompense éternelle ; vous ne l'avez pas voulu. Votre tenue d'abbesse sera correcte; ces vertus claustrales, dont vous avez vu mieux que personne la vanité, seront intactes. La vraie grandeur de la femme vous manquera. Le vrai Dieu vous en voudra, si le dieu des moines est content. Supposez que le tribunal qui n'a jamais lâché sa proie vous rendît demain à la vie, votre vieillesse serait occupée à regretter mon amour et vos dédains. L'implacable souvenir du don refusé et qui ne reviendrait plus ferait de vous une fontaine de larmes, que j'irriterais du fond de ma morne éternité. Moi qui n'ai à sauver ni l'honneur d'un ordre, ni je ne sais quel vœu frivole, je suis plus grand que vous. A six heures de la mort, je ne pense pas à la mort, je ne pense qu'à vous, à l'amour que je vous ai juré. Je vous le redis en vérité : la conséquence de cette inflexibilité dont vous êtes si fière sera que vous pleurerez éternellement.

JULIE, fondant en larmes.

Ami cruel, qui venez porter le trouble dans des heures que je voulais sereines, j'ai tort de vous écouter, et, s'il y avait une issue à cette prison, je m'y précipiterais. Vos reproches me vont au cœur. Je n'ai pas d'assez bonnes raisons pour refuser à celui que j'aime une chose que je blâme. Tremblez : vous brisez un chef-d'œuvre, ma vie telle que je l'avais conçue et voulue. Malheur à vous ! Si je succombe, ce sera par amour.

D'ARCY.

Oui, chère ; c'est ce que je veux. Merci, merci ! C'est l'ami qui va mourir qui est à genoux devant vous, et vous demande d'emporter dans la mort un gage de votre amour.

JULIE.

Ah ! D'Arcy ! D'Arcy ! Que me faites-vous faire ?

D'ARCY.

On ne se trompe pas au moment de mourir. Je suis sûr d'avoir raison.

<small>Il prend un baiser sur sa joue ; elle le lui rend. Le visage de Julie manifeste d'abord un trouble extrême ; puis il apparaît rayonnant de volupté.</small>

JULIE, éperdue.

Ami, ce moment est pour moi le commencement de l'éternité.

ACTE III

L'acte se passe dans la conciergerie de la prison du Plessis. Sorte de hangar fermé. A droite, cloisons en planches, loge de Guillaumin et de sa femme. Au fond, grande porte, avec une énorme serrure. A gauche, petites portes conduisant à divers réduits.

SCÈNE PREMIÈRE

Au lever du rideau, la porte du fond est fermée. Jacquemet se tient près de la porte. Dix ou douze condamnés attendent l'arrivée de la charrette et l'appel de leur nom. D'Arcy et Julie assis sur deux chaises se touchant. Julie la main dans celle de D'Arcy.

JULIE, à demi-voix, à D'Arcy.

Oh! oui, la mort va m'être douce. Une heure avant de mourir, tu m'as révélé la vie. Les hommes ne sauront rien de notre amour. La nature, qui l'a voulu, nous absout. Plus que jamais, je suis sûre que notre passage à travers la lumière répond à une volonté du ciel, et que l'ombre où nous allons entrer n'est que le revers d'un autre infini, comparable au sein d'un père. Merci pour ton acte de maître! Tu m'as rendue plus chrétienne que je ne l'étais. Je toucherai le rivage glacé toute moite encore de tes baisers; je m'assoirai dans la nuit, à peine séparée de toi.

D'ARCY.

L'amour, en effet, est la révélation de l'infini, la leçon qui nous enseigne le divin. Pénétré de ton parfum, chère amie, je vais m'endormir rassasié de vie. La vie, grand Dieu! comment pourrions-nous la supporter désormais? Fi de l'amour qui n'aurait plus le condiment de la mort!

JULIE.

Oh! que tu as raison! Ce serait un rêve effroyable. Assure-moi que ce n'est jamais arrivé. Quel enfer s'il fallait revivre! C'est impossible, n'est-ce pas ? Ce n'est qu'à cette condition, entends-tu, que je me suis livrée à toi. La vie maintenant serait l'horreur.

D'ARCY.

Sois rassurée, chère amie. Les lois de la nature changeraient plutôt que la volonté de ces tyrans.

SCÈNE II

On entend le lourd roulement de la charrette. La grande porte du milieu s'ouvre ; la charrette avance à reculons jusqu'à affleurer le seuil. Un roulement de tambour. Tous se groupent autour du marchepied de la charrette, placé à l'arrière. Julie et D'Arcy se tiennent par la main. La Ferté près d'eux.

JACQUEMET, une liste à la main.

Pierre-Paul de la Ferté,
Armand de Torcy,
Jacques de Morienval,
Philippe de Mauriac,
Andrée-Hyacinthe de la Rivière,
Paul-Antoine d'Arcy.

Julie se précipite pour monter avec lui.

ACTE TROISIÈME.

JACQUEMET.

Attendez, citoyenne. On ne monte pas ici sans permission. Votre tour viendra.

Il achève la liste.

Vincent Delacroix,
Julien Géraud,
Geoffroi de la Chesnaie.

Voilà tout.

Il monte sur le marchepied, pour voir si tous sont à leur place

JULIE, essayant de monter.

Mon nom... mon nom doit y être.

JACQUEMET.

Comment vous appelez-vous, citoyenne?

JULIE.

Constance-Julie de Saint-Florent.

JACQUEMET.

Nous n'avons pas ce nom-là.

JULIE.

J'ai été condamnée hier. J'ai droit d'être exécutée aujourd'hui.

JACQUEMET.

Pas si vite. On n'est guillotiné qu'à son tour.

JULIE.

Laissez-moi monter. On reconnaîtra l'erreur.

JACQUEMET.

Impossible. Il faut de l'ordre. Chacun son tour. Cette citoyenne paraît bien pressée. Calme-la, Guillaumin.

<small>Il met la claire-voie de derrière dans ses gonds ; puis, d'une voix forte et sèche :</small>

Partez.

<small>La charrette s'ébranle. Julie et D'Arcy échangent un regard suprême ; geste désespéré de Julie. On l'arrache à la voiture. Elle tombe évanouie sur un banc.</small>

SCÈNE III

JULIE, à demi hors d'elle-même.

Horreur! Épouvantable réalité! Condamnée à vivre!... Ne pouvoir mourir... Vivre en me méprisant moi-même. O cruel et cher ami, tu vas mourir sans moi!

Elle reprend un calme apparent.

(A Jacquemet.) Alors, citoyen, je suis portée sur la liste de demain?

JACQUEMET.

Nous n'en savons rien, madame. On ne nous envoie pas les listes d'avance. Ce qui arrive pour vous n'était jamais arrivé pour personne. N'est-ce pas, Guillaumin? Qu'est-ce que tu en penses, toi?

GUILLAUMIN.

Ma foi, citoyenne, je ne voudrais pas vous donner trop tôt des illusions qui pourraient être déçues. Ce serait bien vilain; car, voyez-vous, quand on a fait son paquet pour l'autre monde, ce n'est pas la peine de le déficeler avant qu'on soit sûr de ne pas partir. Cependant je crois pouvoir vous dire qu'il ne faut pas vous désoler. Tenez, j'ai une idée, moi, c'est que vous êtes graciée. Je crois cela surtout depuis que je vous ai entendue dire votre nom. As-tu remarqué, Jacquemet, que le nom de la citoyenne était biffé sur la liste qui nous a été adressée ce matin du greffe? Ce n'est pas qu'il n'y eût de la place dans le char à bancs. Il y avait aujourd'hui plus de vides que d'ordinaire. Ah! je soupçonne quelque chose là-dessous.

JACQUEMET.

Il a raison. Eh bien, vous l'aurez échappé belle, citoyenne. Vous aurez été la seule à sortir vivante de cette triste maison.

JULIE, avec un rugissement.

Dieu!

<small>Elle s'éloigne comme affolée et s'assoit sur une chaise au fond du hangar.</small>

JACQUEMET.

Voilà une femme singulière. Elle ne peut se consoler de n'avoir pas été guillotinée.

GUILLAUMIN.

Nous en voyons d'étranges, mon cher Jacquemet.
Jacquemet et Guillaumin se retirent.

SCÈNE IV

JULIE, assise, se voilant le visage.

Une vie de honte après une vie de devoir et de respect de soi-même. Et toujours, du fond de la nuit, l'œil éteint de ce malheureux ami qui m'appelle! Non, non; il y a eu erreur dans la transmission des ordres. Demain, ce sera mon tour. Ah! il m'eût été si doux de faire avec lui le fatal trajet, de lui succéder sur la planche sanglante. C'eût été trop de bonheur. Le sort n'accorde pas deux voluptés comme celle dont j'ai joui cette nuit. Mon nom effacé !... C'est étrange ; mais fions-nous à la rage de ces forcenés. Eux faire grâce ? allons donc !...

SCÈNE V

La porte de la loge de Guillaumin s'ouvre ; un jeune homme entre dans le costume militaire du temps. Mouvement d'effroi de Julie.

LA FRESNAIS.

Madame, pardonnez ma démarche téméraire. Un seul mot l'excusera : c'est moi qui vous ai sauvée.

JULIE.

Monsieur, je ne veux pas, je ne peux pas être sauvée.

LA FRESNAIS.

Vous êtes juste, et vous ne pouvez refuser à un cœur loyal, contre qui sont toutes les apparences, le droit de se justifier. A l'appel de la patrie, j'ai pris les armes comme tous ceux de mon âge, et je peux bien dire que j'ai eu à cela d'autant plus de mérite que je devais, en m'enrôlant, faire taire bien des répugnances légitimes. Ma famille était de celles que la Révolution blessait le plus profondément. Le mal était actuel, évident; le bien était dans l'avenir et incertain. N'importe; le drapeau ignore la politique, et, devant l'ennemi, toute sagacité doit se taire. Je fus récompensé de mon entraînement par la compagnie des héros que je trouvai à l'armée de Sambre-et-Meuse, où je fus incorporé.

Au son de chants de guerre qui nous saisissaient jusqu'au fond des entrailles, nous eûmes bientôt fait reculer les troupes les plus aguerries de l'Europe. Notre dernière bataille s'est livrée à Fleurus. Nous fûmes d'abord écrasés par le nombre, quand un jeune capitaine dont vous entendrez souvent, je vous le prédis, prononcer le nom, Marceau, mon ami, réunit à lui quelques bataillons décidés à mourir plutôt que d'abandonner un poste d'où dépendait le salut de l'armée. Le combat se rétablissait en même temps sur la Sambre; Charleroi tombait entre nos mains; Beaulieu ordonnait une retraite générale, nous laissant libre le chemin de Bruxelles. La part que j'ai pu avoir à ces glorieuses journées m'a fait choisir pour en venir porter la nouvelle au Comité de salut public.

Depuis deux jours, je parcourais d'un œil avide ce Paris sombre, qui sait organiser à la fois la victoire et la terreur. Le désir de tout voir me conduisit au tribunal révolutionnaire. Je vous vis, madame, digne, calme et froide, sans provocation ni faiblesse, devant ces juges odieux. Votre courage, votre attitude résignée, votre beauté me blessèrent au cœur. L'idée me vint d'abord de me perdre avec vous. Puis je réfléchis que je pouvais vous sauver. Carnot m'avait dit que le porteur d'une si belle nouvelle n'avait qu'à exprimer un désir pour le voir réalisé. Quel désir pouvais-je avoir, si ce n'est de vous arracher à une mort affreuse? J'ai réussi; votre nom a été rayé de la liste fatale.

Et quelle récompense veux-je réclamer pour ma victoire? Une seule, madame, celle de venir vous l'annoncer. Oui, je l'avoue, j'ai désiré le rôle de messager de paix en ces lugubres corridors. J'ai voulu vous dire : « Par moi, vous vivrez pour de nobles devoirs. » Est-ce trop, madame? Demain, je pars pour Bruxelles, où je sais qu'en ce moment mes compagnons d'armes font leur entrée. La Hollande nous appelle; nous ne nous faisons pas d'illusion : c'est l'Europe coalisée que nous aurons vingt fois à combattre. Notre génération sera fauchée; d'autres nous suivront.

JULIE.

Voilà de hautes pensées, monsieur. Vous m'avez un moment soustraite à d'affreuses angoisses; en vous entendant, j'ai la preuve que la France existe encore et qu'elle revivra. Mais permettez-moi une question : puisque vous avez vu les crimes de Paris, pourquoi n'employez-vous pas ce grand courage à chasser les brigands qui décapitent la patrie, la remplissent de sang et d'horreur.

LA FRESNAIS.

Non, madame, et votre grand cœur nous comprendra. Quand la patrie est en danger, on ne raisonne pas. Cette horrible tête de Méduse qui pétrifie les cœurs les plus braves, c'est la France après tout. Ces horreurs, nous les ferons cesser, je le jure ; mais nous les ferons cesser par la victoire sur l'ennemi. Nous délivrerons la France de la terreur, quand nous l'aurons délivrée de l'étranger. L'étranger vaincu, la terreur cessera. En ce moment, peut-être l'armée de la France, dans les provinces révoltées, ravage mes terres, brûle la demeure de mes ancêtres, tue mes proches. Je pleure sur tant d'infortunes, mais je fais mon devoir. Peu nous importe qu'un jour les Machiavels de l'avenir disent de nous : « Ce furent de pauvres politiques », si le patriote dit de nous : «Ce furent des héros ! »

JULIE.

Monsieur, il me serait doux de m'épancher dans une âme comme la vôtre. Mais un mystère sombre m'obsède ; il m'est interdit de vous l'expliquer. Je vous ai inspiré quelque estime ; prouvez-le-moi de nouveau en m'abandonnant à mon sort. Je suis due à la mort. La mort, monsieur, ne souffre pas qu'on lui arrache ses victimes ; ceux qu'elle a serrés de ses dents ne doivent pas revivre. Grâces vous soient rendues pour la pensée généreuse qui vous a porté à me sauver ! Toute votre vie, que j'augure couronnée de gloire et des récompenses de la victoire, gardez le souvenir de la belle action que vous avez faite. J'en suis touchée autant qu'on peut l'être. Vous avez été grand, généreux et fort. En mourant (marque de surprise de La Fresnais), j'aurai votre image devant les yeux de l'âme, parmi celles qui accompagnent au seuil du tombeau et qui consolent.

LA FRESNAIS.

Pourquoi ne voulez-vous pas vivre? Pourquoi ne voulez-vous pas que ces malheureux comptent un crime de moins? La France renaîtra, nous en sommes sûrs, et c'est par des femmes telles que vous que se fera sa rénovation. Vivre est maintenant, pour ceux qui ne sont pas sur les champs de bataille, le premier des devoirs. Les liens antiques sont tous rompus. Je vous en prie, ne me privez pas de ma récompense; j'ai voulu garder une mère, une épouse à la patrie.

JULIE.

Monsieur, je vous estime trop pour vous faire un mensonge. Non; je ne vivrai pas. Votre action n'en aura pas été moins belle. Gardez-la en votre cœur, et que ce souvenir enchante votre heureuse et longue carrière. Il m'est interdit de vous dire pourquoi je n'accepte pas le don de la vie, que vous m'offrez. Au nom du sentiment sacré qu'éveillèrent en vous, sur les bancs du tribunal révolutionnaire, ces voiles noirs et ce bandeau, croyez qu'un motif élevé me dicte ma conduite. Je veux mourir, je mourrai. Vous avez sauvé une morte. Si vous m'aimez, ne cherchez jamais à pénétrer ce mystère. J'étais digne, je vous l'assure, de l'amour d'un héros tel que vous. Adieu ; laissez-moi.

LA FRESNAIS.

Oh ! madame...

JULIE.

Adieu ! ne doutez jamais de moi.

Il se retire lentement.

SCÈNE VI

JULIE, seule.

(Sanglots.) Graciée ! Plus de doute possible ! La mort ne veut pas de moi. O rage !... Non ; je ne vivrai pas. Ce serait honteux. O mon pauvre ami,

dont la tête roule en ce moment sur l'échafaud...
(Elle tombe éperdue sur le fauteuil.) Je mourrai. Grandes sœurs chrétiennes de nos vieilles histoires, je m'écarte de vos exemples. Ces hautes morts, à la façon romaine, vous furent inconnues. Mais vîtes-vous jamais de pareilles épreuves? Or sus donc, mes grandes sœurs païennes, conseillez-moi. Si j'étais une fidèle soumise comme tant d'autres, j'aurais à ma portée des expiations. Il n'y en a pas pour moi. Ma fierté est blessée à mort. Je serais toujours honteuse à mes propres yeux. Revenu à la grandeur antique, le siècle doit demander à la tradition antique ses solutions morales et sa règle du devoir. Aria, Lucrèce, Cornélie, qu'eussiez-vous fait en une telle situation? Oh! votre réponse m'est claire. Vous eussiez choisi la mort.

Elle se lève vivement.

SCÈNE VII

GUILLAUMIN entre.

Madame sait qu'elle est libre ; elle peut, quand elle voudra, quitter l'établissement. J'avoue qu'à sa place, je ne me le ferais pas dire deux fois. Le vent change vite, ces jours-ci. Cette maison est singulièrement malsaine pour la vie des gens. C'est à tel point que, si je n'avais pas été concierge du collège autrefois, je déguerpirais, moi et ma femme. Mais, quand on est concierge, on ne peut pas laisser sa porte comme cela. Qu'est-ce que madame attend? Veut-elle que ma femme vienne l'aider, ou bien qu'elle l'accompagne à sa sortie?

JULIE.

Monsieur Guillaumin, il faut que je meure. Vous êtes un honnête homme. Un seul mot. On a dû souvent vous demander du poison...

GUILLAUMIN.

Mais madame ne veut donc pas croire qu'elle est graciée? Nous avons reçu des ordres formels d'élargissement. Jacquemet ne laissera pas madame passer ici la nuit prochaine.

JULIE.

Guillaumin, je veux du poison ; il m'en faut

GUILLAUMIN.

C'est une petite douceur que j'ai procurée quelquefois. Il y en a qui n'aiment pas le trajet d'ici au bout du jardin des Tuileries ou à la barrière Saint-Antoine. Mais j'ai déjà dit à madame qu'elle est libre comme l'air.

JULIE.

Guillaumin, j'ai des manières de vous récompenser. Je veux du poison.

GUILLAUMIN.

C'est un peu fort. (A part.) Serait-elle folle ? Mon Dieu, ce n'est pas rare par le temps qui court... (Haut.) Madame va être hors de ces murs dans un quart d'heure; elle pourra se procurer alors toutes ses petites fantaisies.

Il sort.

SCÈNE VIII

JULIE, seule.

A moi seule, sous ce règne de la mort, la mort est refusée. Oh ! je veux... je veux... Ce n'est pas un suicide; je ne fais qu'achever l'œuvre d'un bourreau maladroit, réajuster la hache qu'un hasard a dérangée.

Elle arrache son bandeau et le considère un moment, comme fait Monime dans *Mithridate*.

C'est toi qui me rendras ce funèbre service, bandeau que d'anciens rites collèrent sur mon front, et qu'en somme je n'ai jamais profané. Je te prends à témoin; je n'ai manqué à mon vœu que quand je pouvais me croire déjà en la possession de la mort. Mais je serais lâche, parjure, avilie, si je profitais de ce sursis misérable. J'ai donné des arrhes à la mort; je payerai.

Adieu, vie que j'ai aimée, monde où ma destinée fut étrange, privilégiée, puisque je goûtai la plus haute somme de noble jouissance, misérable, puisqu'à la dernière heure un coup d'œil tranquille sur le passé m'est refusé. J'espérais avoir droit sous le couteau à ce long regard embrassant toute une vie en une seconde, qui, s'il est accompagné du témoignage de la conscience satisfaite, est le commencement des justes récompenses. Six heures de trop m'ont perdue. Je meurs troublée. J'ai eu tort; j'ai dédaigné les formes extérieures par excès d'idéalisme. J'ai trop négligé les voies communes et les précautions vulgaires. L'esprit est prompt; la chair est faible. Pardon !... pardon !...

En prononçant ces derniers mots, sa voix s'affaiblit et se ralentit. Elle reste un moment immobile; puis elle fait précipitamment le tour de la pièce, examinant les murs. Un panneau, déguisant une fausse porte, cède sous sa main.

Ah! voici la nuit que je cherche. Adieu, lumière! adieu, vie! — Ami cher, dans quelques instants je serai avec toi.

Elle referme la porte sur elle.

Presque aussitôt après, Guillaumin entre et s'étonne que la grande pièce soit vide.

SCÈNE IX

GUILLAUMIN, seul.

Tiens, la dame qui ne voulait pas être graciée, la voilà partie. Elle en avait le droit après tout. (Il s'assoit sur le banc) Quelle vie, mon Dieu! que la nôtre. Habiter ainsi l'antichambre de la mort!... Cinq thermidor! Cela ne peut pas durer. Tout le monde en deviendrait fou. C'est affreux; voilà ceux qui survivent plus tristes de survivre que ceux qui meurent. Est-ce assez étrange, la façon dont cette abbesse s'accrochait à toutes les façons de périr?... Et, au fait, par où donc est-elle passée? On ne l'a pas vue à la porte.

<small>Il cherche de nouveau; il découvre la porte dérobée, et recule en voyant Julie qui s'est étranglée avec son bandeau et qui râle.</small>

Oh! horreur! horreur! (Mots entrecoupés.)

<small>Il entre dans la loge en courant.</small>

Au secours! au secours! Jeanne, Jeanne, viens vite!

SCÈNE X

<small>Guillaumin et Jeanne se précipitent dans la pièce sombre.</small>

JEANNE.

Ah! la pauvre dame! Elle respire encore. Transportons-la hors d'ici.

<small>Tous deux portent Julie sur un banc. Râles, profonds soupirs.</small>

Apporte un oreiller.

<small>Guillaumin sort.</small>

Ah! chère dame, pourquoi donc teniez-vous tant à mourir?... Elle va passer... Non, elle respire... Madame, madame, il faut vous confesser ; vous aviez donc oublié Dieu ?

Guillaumin soutient la tête de Julie avec un coussin.

JULIE, se réveillant comme d'un profond sommeil.

Oh ! j'aurais le droit d'être morte. Vie implacable, je te retrouve encore.

JEANNE.

Madame, madame, il faut vous confesser. Vous avez fait là une grande faute. C'est défendu, de se tuer.

A Guillaumin.

Fais donc venir ce prêtre, tu sais, qui est entré hier, qui doit être condamné aujourd'hui.

Guillaumin sort.

JEANNE, soignant la malade.

Ah ! ma pauvre chère dame, je comprends cela, voyez-vous. Dans ce temps-ci, cela ne vaut plus la peine de vivre. Mais vous avez mal fait tout de même. Jamais on ne doit se tuer.

JULIE.

Ah! pauvre femme, si tu savais...

JEANNE.

Oh! je n'ai pas besoin de savoir. Jamais on ne doit se tuer. Allons, reposez-vous; vous allez être pardonnée.

SCÈNE XI

L'ABBÉ CLÉMENT entre avec Guillaumin. Il s'approche du banc où Julie est étendue, s'assoit sur une chaise. Guillaumin et Jeanne se retirent.

Mon ministère est tout de pardon. Vous avez commis une grande faute, madame. Mais la miséricorde de Dieu, en ces temps de bouleversement, est infinie. Peut-être y a-t-il quelque circonstance qui atténue votre erreur. Vous plairait-il de me la dire? Vous savez l'ordre divin qui attache par un lien indissoluble l'aveu au pardon. Dites seulement : « J'ai péché. »

ACTE TROISIÈME.

JULIE, se levant sur son séant.

Votre pieuse apparition me touche. Mais je ne peux dire ce qui n'est pas dans mon cœur. Non, je n'ai pas péché.

L'ABBÉ CLÉMENT.

Je ne veux savoir que ce que vous me direz. Songez que, demain, à pareille heure, je monterai sur l'échafaud. Il n'y a au monde que vous et moi, et Dieu au ciel. Prenez garde à l'orgueil. Tout le monde pèche. Toute votre vie aurait-elle été le modèle de la vertu, que votre dernier acte, en tout cas, a été coupable. Dites, pourquoi cette obstination à mourir? Notre ministère nous rend savants dans la science des âmes. J'en suis sûr, votre suicide n'est pas votre faute la plus grave. Il y a là un mystère que vous vous obstinez à me cacher. Quand on a l'âme tranquille, on attend la mort; on ne la cherche que quand elle délivre d'un remords. Le martyre expie tout; le suicide n'expie rien; il aggrave. Dites, âme blessée, noble, j'en suis sûr, que la grâce vient chercher; dites par quel chemin vous fûtes menée à cet abîme, d'où les rites sacrés institués pour le pardon peuvent vous tirer encore.

JULIE.

Eh bien, oui; je vous dirai tout. J'étais ici pour ma dernière nuit; j'ai été surprise. Un homme que j'aimais m'a enivrée à la dernière heure. J'ai consenti; j'ai joui du ciel par anticipation. Puis l'échafaud m'a été refusé. J'ai suppléé au bourreau. J'étais morte quand j'ai péché.

L'ABBÉ CLÉMENT.

Voyez, ma fille, le danger de prendre la vie de plus haut que ne le veut notre condition misérable. Vous vous êtes mise au-dessus de la règle; la règle s'est vengée. Croyez qu'il n'est pas bon de mépriser la lettre. Vous avez eu tort de raisonner avec le devoir. L'aspiration transcendante est mauvaise en tout; oh! vous devez maintenant le voir; heureux les simples! Je suis un trop humble prêtre pour que vous m'ayez jamais remarqué; mais qui ne connaissait l'abbesse de Jouarre? Votre noblesse, votre grandeur frappaient tout le monde; la princesse perçait en tous vos actes; vos hautes études, vos relations avec les premiers esprits du temps vous avaient fait croire que les grands n'ont pas besoin des soutiens nécessaires aux petits. Vous aviez depuis longtemps cessé de prier; vous laissiez aux simples les sacrements et les pratiques que l'Église a établis pour tous. Vous êtes punie de votre orgueil. Mais la miséricorde divine a laissé place au pardon. Vous avez un moyen de réparer vos deux fautes : c'est de vivre.

JULIE.

Non, je ne vivrai pas; ce châtiment est au-dessus de mes fautes. Je veux mourir.

L'ABBÉ CLÉMENT.

Vous vivrez ; vous verrez ce que c'est que l'existence humaine dans les conditions de tous. C'est rude, allez ! Ces institutions fastueuses, du côté desquelles l'Église avait trop versé, vont cesser d'être. L'abbesse de Jouarre survivra, simple femme, à l'orgueilleuse fondation qui l'a perdue. Acceptez ce sort comme votre pénitence. Votre expiation sera de subir la loi générale. Résignez-vous à gagner votre vie dans les âpres conditions de l'heure présente. Peut-être serez-vous mère...

JULIE.

O Dieu !

L'ABBÉ CLÉMENT.

En ce moment, vous n'êtes ni sage ni chrétienne. C'est votre aveu qui m'autorise à vous le dire : oui, vous serez peut-être mère dans neuf mois. Vos devoirs seront durs. Dans dix mois peut-être, vous mendierez pour votre enfant.

JULIE, se tordant et se cachant la tête dans les mains

L'abbesse de Jouarre devenue la risée des autres femmes !

L'ABBÉ CLÉMENT.

Voyez comme l'orgueil vous a pervertie. Vous eussiez ce matin affronté la mort avec joie, et pourtant la faute que vous eussiez portée au tribunal suprême aurait été la même. Maintenant, il faut subir les conséquences, avouer devant les hommes que vous avez connu les faiblesses ordinaires, et vous choisissez la mort en stoïcienne. Votre courage, qui en doute ? C'est d'humilité qu'il s'agit. Acceptez la vie, si elle vous est prolongée. Soumettez-vous aux règles communes. Votre esprit et votre grand cœur vous désignent pour relever un monde qui s'est imprudemment laissé choir. Vous vous êtes mise au rang de toutes les femmes, n'en soyez pas honteuse; Dieu vous pardonnera si vous savez être simple femme. Vivez, soyez mère, soyez épouse. Il y aura dans le ciel des trésors de pitié pour ceux qui ont traversé ces jours sombres, où toutes les distinctions du juste et de l'injuste ont été confondues. Martyre ce matin, vous auriez payé pour beaucoup d'autres; d'autres martyrs payeront pour vous.

JULIE.

Vos paroles me vont à l'âme. Oui, je crois maintenant que je serai capable de tout souffrir.

GUILLAUMIN, entr'ouvrant la porte de sa loge.

Monsieur, je suis fâché... Les accusés de votre catégorie vont partir dans un quart d'heure pour le tribunal révolutionnaire. Il faut vous hâter.

L'ABBÉ CLÉMENT, debout.

Que Dieu vous absolve, ma fille! Le pardon final dépendra de votre courage à supporter la vie.

Humiliez-vous ; l'abbesse de Jouarre a failli ; n'accumulez pas les sophismes pour vous dissimuler cette vérité. Jouarre, d'ailleurs, et les institutions de cet ordre n'existeront plus ; soyez une chrétienne, une Française accomplies. Vivez ; prenez garde à l'orgueil.

On entend frapper des coups secs à la porte. L'abbé Clément étend les bras en signe d'absolution. Puis il sort précipitamment. Julie, sur son séant, immobile, pâle, consternée.

ACTE IV

L'acte se passe dans le jardin du Luxembourg. A gauche, deux ou trois petits étalages de pains d'épices, de pâtisseries, de café sur des réchauds. A droite, bosquet, avec quatre ou cinq chaises.

SCÈNE PREMIÈRE

MADAME AUGUSTE.

Je crois que nous allons faire une bonne journée, madame Denys. Le temps est superbe; nous verrons de beaux militaires. Déjà beaucoup d'uniformes vont et viennent dans le jardin. C'est le camp des Sablons qui nous envoie, je crois, ces visites. Je ne comprends rien à ce qui se passe. Qu'est-ce donc que vous dites de tout cela, madame Denys ?

MADAME DENYS.

Moi, je me trouve comme en un jour de printemps, madame Auguste. On dirait que tout refleurit. Ce pauvre jardin était aussi triste que l'avenue d'une prison; on l'a rendu à la joie. Et voilà que les ci-devant nobles commencent à rentrer. Je les reconnais à leur tournure. On va de nouveau danser, s'amuser. J'étais écœurée, je vous l'avoue, madame Auguste. Je croyais que c'était la fin du monde. Je ne suis pas cruelle, voyez-vous. Je n'aime pas les aristocrates; mais je ne veux pas qu'on leur coupe le cou; c'est trop.

<small>Julie circule, un tablier devant elle, un enfant de quelques mois sur un bras. De l'autre bras, elle porte un panier plein de petites provisions, qu'elle distribue aux étalagistes.</small>

MADAME AUGUSTE.

Vous arrivez à propos, madame Jouan. Donnez-moi donc quelques pâtisseries fraîches, quelques gâteaux.

MADAME DENYS.

Et à moi les petits pains frais que mon mari a dû vous remettre. Comment va votre petite, ce matin, madame Jouan ?

JULIE.

Assez bien, madame Denys. Merci de vos bontés pour elle.
Elle passe.

MADAME DENYS.

Tenez, regardez-moi cette femme-là, qui fait nos commissions, madame Auguste ; c'est quelqu'un, ça, j'en suis sûre. Elle a beau avoir un torchon devant elle et un bonnet de ménagère sur la tête, on sent que c'est une princesse. Elle est très serviable ; mais impossible de la faire sourire. Quand je lui donne ses quatre sous pour sa peine, elle me remercie avec l'air d'une grande dame qui se fait aimable ; on sent qu'elle ne vit que pour sa petite. Pauvre femme !

MADAME AUGUSTE.

Oui, c'est assez curieux ; ces aristocrates ont des enfants tout comme nous. Mais eux, c'est toujours leur faute. D'où croyez-vous que cela peut lui être venu ? La petite n'a pas plus de trois ou quatre mois ; l'histoire ne peut pas être ancienne ; personne, dans le quartier Saint-Jacques, n'a connu M. Jouan.

MADAME DENYS.

Oui, c'est drôle ; mais, depuis, en tout cas, elle se comporte on ne peut pas mieux. Tout le monde dans la maison la respecte. Ne faut-il pas avoir pitié d'une pauvre femme qui allaite son petit ?

Julie, pendant ce temps, s'est assise sur une chaise de paille, près de là ; son enfant sur ses bras, son panier à côté d'elle.

SCÈNE II

*Entre un groupe de trois militaires, parmi lesquels La Fresnais.
Ils vont s'asseoir dans le bosquet.*

PREMIER MILITAIRE.

Que nous avons bien fait de croire à la patrie! Avouez que, dans les premiers temps, nous eûmes du mérite. Était-ce assez horrible! Nous avions l'air de soutenir le règne de hideux tyrans. J'ai eu le bonheur de ne pas voir Paris durant ce temps.

LA FRESNAIS.

Moi, j'ai vu le tribunal révolutionnaire. C'était affreux et sublime comme un champ de bataille. Soldat, j'ai assisté aux plus belles manifestations de la grandeur humaine qu'il soit possible de rêver. Je vous assure que les quatre ou cinq jours que je passai, il y a un an, à Paris, m'ont laissé des souvenirs qui ne s'effaceront jamais. Je ne puis vous dire cela. La prison du Plessis, à deux pas d'ici, a vu des actes de dévouement tels que les annales de l'héroïsme et les annales du martyre n'en connaissent pas de plus beaux.

DEUXIÈME MILITAIRE.

Vous nous devez vos souvenirs, du Plessis. Vous nous en parlez toujours, sans jamais satisfaire notre curiosité.

LA FRESNAIS.

La vertu humaine, pour éclater dans tout son jour, a besoin de circonstances particulières qui décuplent le bien comme le mal. Il ne faut pas regretter de vivre en ces moments solennels, dût-on garder, des batailles qu'on a traversées, de cruelles plaies au cœur. Souvent c'est à ces heures sombres qu'on voit le ciel s'ouvrir. De telles visions ne s'oublient pas. Le cœur en demeure touché pour jamais. On est comme un blessé dont la blessure se rouvre; on aime sa blessure, on la caresse.

<small>Il devient rêveur. Ses amis se font signe de respecter son émotion. Surviennent deux nouveaux militaires.</small>

TROISIÈME MILITAIRE.

Bonjour, camarades. Permettez qu'on s'assoie près de vous. Voyez comme ce palais dépouille chaque jour son voile de deuil.

<small>On entend l'air : *La Victoire, en chantant, nous ouvre la carrière.*</small>

QUATRIÈME MILITAIRE.

Ce qui m'étonne, ce n'est pas que la République sache faire la guerre, c'est qu'elle sache faire la paix. Ce comité, renouvelé par quart tous les mois, négocie un traité, stipule des articles secrets. L'auriez-vous jamais cru? Cette paix de la Haye ne vous surprend-elle pas au plus haut degré?

PREMIER MILITAIRE.

Tout me surprend ici, surtout de m'y voir. Nous

sommes réservés à de plus grands miracles encore. Ce qui m'a toujours paru le signe d'un temps extraordinaire, c'est que la Révolution crée les hommes dont elle a besoin, ou plutôt fait de grandes choses avec des hommes qui n'étaient rien hier et ne seront rien demain. C'est la circonstance qui les fait grands. S'ils prennent un peu trop facilement la vie des autres, ils ne sont pas moins prodigues de la leur.

On entend une musique militaire.

Qu'est-ce que cette procession qui traverse le jardin?

DEUXIÈME MILITAIRE.

C'est la manifestation pour l'anniversaire de la déclaration de l'Indépendance américaine. Allons voir.

Tous s'en vont, excepté La Fresnais, qui reste rêveur.

SCÈNE III

Groupes de nouvellistes.

RABOURDIN, tenant *le Moniteur* à la main.

Aurait-on jamais cru à de pareilles horreurs (Passant le journal à son compagnon.) Tenez, lisez-moi cela.

GROMMELARD, lisant.

« Tous les émigrés étaient armés d'un poignard empoisonné. Un animal, sur lequel l'épreuve a été faite, est mort sur-le-champ. »

RABOURDIN, avec un accent d'hémiplégique.

Cela fait frémir. Lisez-moi quelque chose qui me remette les nerfs.

GROMMELARD.

Voulez-vous que je vous lise le récit du banquet de patriotes, qui a eu lieu hier soir pour célébrer l'anniversaire de la liberté américaine.

RABOURDIN.

Lisez, lisez.

GROMMELARD.

Le civisme, l'ordre, la concorde et l'harmonie qui présidaient à la fête ont offert le tableau intéressant d'une famille unie.

« Une musique harmonieuse a joué pendant le repas et à la fin de chaque toast des airs patriotiques.

Pendant ce temps, quelques promeneurs se sont groupés alentour et écoutent, les uns en donnant des marques d'assentiment, les autres en souriant.

« Les toasts suivants ont été portés avec cette sensibilité et cet enthousiasme qui caractérisent les vrais amis de la liberté et de l'équité.

« A la Convention nationale de France! Puisse-t-elle achever sa longue, importante et périlleuse carrière en établissant une Constitution sur des principes de sagesse, de liberté et d'égalité, et assurer, jusqu'à la postérité la plus reculée, l'indépendance et le bonheur du peuple français!

« Aux phalanges intrépides de la République française! Puissent les vertueux citoyens qui les composent jouir, dans la retraite et au sein d'une patrie reconnaissante et généreuse, des fruits précieux de cette liberté que leurs illustres travaux et leurs victoires éclatantes ont justement mérités !

« A la mémoire de ceux qui sont morts ! Puissent des lauriers ombrager leurs tombeaux, et leurs services vivre à jamais dans les cœurs d'une postérité reconnaissante !

« A la justice, à l'humanité et à la probité ! Puissent ces grands principes caractériser à jamais les conseils des gouvernements libres !

« Aux sciences, aux arts et aux hommes distingués qui en sont les plus beaux ornements !

« Au beau sexe des deux hémisphères !

<small>Mouvements divers; les bravos dominent; expression d'admiration béate sur la plupart des physionomies.</small>

Écoutez, écoutez.

« A la clémence ! Puisse le peuple français victorieux donner l'exemple de cette vertu ! »

UN DES ASSISTANTS, à mi-voix.

Est-ce assez ridicule ?

AUTRE.

Tais-toi donc. Ce qui est grand a le droit d'être

ridicule. La victoire est la seule chose dont on ne puisse se moquer.

GROMMELARD.

Ces lectures-là remettent le cœur. Bravo! Prenons quelque chose chez madame Denys.

Vos petits gâteaux étaient excellents, hier, madame Denys. J'en voudrais encore aujourd'hui.

MADAME DENYS.

Tout de suite, monsieur Grommelard. Je n'en ai pas ici. On va vous en chercher. Madame Jouan!...

<small>Julie s'approche; madame Denys lui indique les divers objets qu'elle doit rapporter.</small>

RABOURDIN.

Oh! la belle femme! quel port! quelle démarche!

<small>La Fresnais, pendant ce temps, s'est comme réveillé et a reconnu Julie.</small>

LA FRESNAIS.

Que vois-je! Est-ce mon cerveau en délire?...
Je ne me trompe pas!... C'est elle-même!... elle-
même... Oh! oui.

Mais cet enfant!...

Julie sort.

GROMMELARD.

Une belle commissionnaire que vous avez là. Où
donc avez-vous été chercher cela, madame Denys.

MADAME DENYS.

Ah! n'est-ce pas qu'elle a de la tournure? C'est
une pauvre femme qui, depuis un an à peu près, demeure sous les toits dans la maison où j'ai ma bou-
tique. Elle ne voit personne ; jamais personne n'est
venu la voir. Sa figure est toujours comme celle
d'une statue, immobile, impassible, sauf que, pour
le moindre service, elle a un sourire qui n'appar-
tient qu'à elle. Vous me direz : « Son enfant? » Eh

ACTE QUATRIÈME.

bien, que voulez-vous que je vous dise ? Il y a trois mois à peu près que la petite est venue. Une pauvre femme, sa voisine, la soigna. Depuis ce temps, elle ne vit plus que pour le petit être. Pauvre femme ! On dira ce qu'on voudra, c'est une digne personne ! Je lui envoie du lait tous les matins, et elle gagne dix sous par jour à faire mes distributions de pains et de gâteaux.

GROMMELARD.

Nous sommes dans un temps, Rabourdin, où il se passe des choses singulières.

Ils s'écartent en faisant des gestes.

LA FRESNAIS, à madame Denys.

Pardon, madame, il me semble que la personne à qui vous venez de parler s'appelle madame Jouan ?

MADAME DENYS.

Oui, monsieur. Ah ! vous aussi, vous avez découvert, je crois, que ce n'est pas la première venue. Mais, tenez, je dois vous avertir d'une chose, mon jeune officier, car je m'intéresse beaucoup à vous, je vous trouve bien gentil. Pas de tentatives dans les règles ordinaires. La place est imprenable ; c'est la vertu même. N'essayez pas... Vous me direz : « L'enfant...? » Eh ! que voulez-vous que je vous réponde? Il a environ trois mois. Je n'en sais pas davantage.

Elle s'occupe quelques instants à ranger les gâteaux.

LA FRESNAIS.

(A part) O Dieu ! que faire ? — (A madame Denys.) Madame Denys, je sais une partie du mystère. Vous êtes une honnête femme ; laissez-moi quelques minutes seul avec elle.

MADAME DENYS.

Bien volontiers, cher monsieur. J'ai vu tout de suite que vous êtes un homme comme il faut.

Elle se retire.

SCÈNE IV

JULIE arrive et reconnaît La Fresnais

O ciel !

LA FRESNAIS.

Oui, c'est moi, madame, et cette rencontre n'est pas l'effet d'un hasard. Le jour où, pour vous obéir, je vous abandonnai dans les murs du Plessis, et le lendemain, je ne quittai pas la porte de la prison ; on me parla avec mystère de votre désespoir, de votre tentative de suicide. Quelle force sur moi-même, quel respect de votre volonté il me fallut pour ne pas pénétrer près de vous ! Je vous avais donné ma promesse. Quand je dus partir pour Bruxelles, sous peine de déserter mon drapeau, votre vie était sauve. Depuis un an, à travers les aventures les plus inouïes de la plus folle guerre qu'aient menée par le monde des adolescents enfiévrés, votre image m'a suivi ; je n'ai eu qu'un désir, revenir à Paris pour vous retrouver. Un secret pressentiment me ramenait en ces quartiers, d'où je supposais, sans savoir pourquoi, que vous n'aviez pas dû vous éloigner. Pouvez-vous me faire un crime d'un culte qui me remplit tout entier et qui n'a pour cause que votre supériorité ? C'est votre faute, madame ; vous étiez trop divine à la barre du tribunal révolutionnaire. Et, aujourd'hui que je vous retrouve sous le vêtement d'une femme de travail, vous m'apparaissez plus admirable encore. Les sentiments que j'ai pour vous m'ont préservé de toutes les séductions vulgaires. Demandez-moi de souffrir en silence ; mais ne me demandez pas de ne point souffrir.

JULIE.

Vous êtes cruel, monsieur, en promenant un fer rouge sur les lèvres d'une plaie qui ne saurait être cicatrisée. Je vous l'ai dit ; je vais vous le dire encore : un mystère couvre ma destinée ; il m'est interdit de le révéler. Je ne peux aimer personne, et j'ai trop de raisons de vous aimer, vous qui, par amour, m'avez sauvée des bras de la mort. Je vous adresse donc pour la dernière fois une prière ardente, une supplication. Ne cherchez plus à me voir. J'ai été près d'un an sans sortir du réduit où je cache ma vie. Je suis venue en ce jardin pour gagner ce qui est nécessaire à l'existence de ce petit être, qui seul m'empêche de mourir. Je devrais être morte ; tenez-moi pour telle, monsieur. Adieu.

LA FRESNAIS.

Non, non ! Ce n'est pas possible. Je dirai presque que vous me devez la vérité. La femme n'est pas juge en sa propre cause. Le ciel m'a mis sur votre chemin pour être votre frère, votre appui. Je vous ai arrachée à la mort ; j'ai un droit moral à remplir auprès de vous. Cette vie de reclusion, qu'un sentiment ascétique n'explique pas !... Cet enfant de quelques mois !... Votre meilleur ami, celui qui, de votre aveu, devrait être votre époux, si un motif supérieur ne s'y opposait, n'a-t-il pas le droit d'être éclairé sur des points où votre honneur se lie. N'est-il pas naturel que je sois jaloux de la pureté immaculée d'une vie que j'ai sauvée ? Ah ! madame, ma récompense sera-t-elle d'endurer, en pensant à vous, une torture sans fin ?

JULIE.

Ne voyez-vous pas que ce qui fait mon martyre est d'être obligée de faire le vôtre, d'être condamnée à reconnaître votre courageux amour par l'ingratitude apparente? Vous m'avez tirée des bras du bourreau; je vous désole. Vous êtes l'homme du monde dont l'estime m'est la plus chère, et je suis forcée de vous laisser douter de moi. Ah! c'est trop fort, monsieur. Pitié ! pitié ! Par cette main que je vous tends et que je vous permets de serrer (elle lui tend la main), je jure que je méritais le sentiment qui vous a porté à m'aimer. Gardez mon souvenir comme une douceur, non comme une amertume. Ne me laissez pas croire que j'aie été un fléau dans votre vie. Ne cherchez plus à me voir. Je suis sacrée à ma manière. J'expie. Adieu, adieu !

<small>Serrant convulsivement l'enfant dans ses bras.</small>

Ah ! chère petite, qu'il faut que je t'aime !

<small>Elle sort précipitamment.</small>

SCÈNE V

LA FRESNAIS tombe éperdu sur le banc, dans le bosquet.

Doute pire que la mort ! Cette vertu austère, cette incomparable beauté recouvriraient-elles un mensonge ? Ah ! je ne croirais plus à moi-même, je me tuerais, si j'étais obligé de l'admettre. Un mot d'elle, quel qu'il fût, me serait moins cruel que cette incertitude. Oh ! je la voudrais faible. Elle craindrait sa faiblesse. Elle est trop grande; son orgueil la perd.

<small>Il s'abîme dans la douleur.</small>

SCÈNE VI

MADAME DENYS, rentrant.

Eh bien, mon cher monsieur; je vous l'avais bien dit. Retournez en Hollande, allez; perfectionnez la manœuvre pour prendre une flotte avec de la cavalerie; mais ne vous attaquez pas à celle-là. Avec votre jolie figure, vous n'aurez pas de peine à trouver d'un autre côté des consolations.

ACTE V

L'acte se passe dans le parc d'un château, à la Celle-Saint-Cloud ; l'église du village contiguë au parc ; au milieu, banc de jardin, sous une cépée d'arbres.

SCÈNE PREMIÈRE

Julie, sur le banc, travaillant machinalement, d'un air distrait. François, le jardinier, ratisse les allées. Juliette traverse le parc, jouant au cerceau. Le cerceau vient s'abattre aux pieds de Julie.

JULIETTE, lui sautant au cou.

Ah! petite maman, je m'amuse bien ici... Sais-tu que les tulipes de mon parterre sont épanouies? Tu viendras aujourd'hui les voir, n'est-ce pas? François est si bon pour moi! — François, tu vas continuer à m'apprendre les noms des fleurs. Il y en a de si drôles. Pourquoi ne donne-t-on pas toujours de jolis noms aux fleurs?

<small>Elle saute sur les genoux de sa mère.</small>

Maman, je t'aime beaucoup. Es-tu contente de moi? Tu ne seras plus triste, n'est-ce pas? C'est que, moi, je suis si contente, vois-tu!

<small>Elle l'embrasse.</small>

Maman, dis-moi donc une chose. Pourquoi n'ai-je pas de petit frère comme Louise? Louise, elle, joue toujours avec son petit frère. Un grand frère, comme Fernand, c'est bien joli aussi; mais j'aime mieux un petit frère, tout petit, dont je serais la petite maman.

<small>Elle reprend son cerceau et court. François ratisse.</small>

SCÈNE II

<small>Entre le marquis de Saint-Florent. Il s'assoit à côté de sa sœur. Juliette vient l'embrasser, puis elle s'en va en courant.</small>

LE MARQUIS.

Qu'elle est charmante, cette enfant, et quelle

joie pour elle que ces jours d'été passés à l'ombre des arbres et parmi les fleurs !

<small>Julie pousse un profond soupir.</small>

Chère sœur, il faut en finir. A force de vouloir ce qui est grand, vous allez commettre ce qui est mal. Vous êtes sur le bord d'un abîme, où votre vertu vous pousse. Les temps que nous avons traversés, et dont notre devoir à présent est de réparer les ruines, ont été comme un interrègne dans les lois de la nature. Tout a été suspendu ; les conventions sociales ont été abrogées ; l'homme n'a eu momentanément d'autre loi que la noblesse de son cœur. Cette loi, qui ne chôme jamais, vous l'avez observée. Moi, qui suis votre frère, presque votre père, comme chef de la famille, je vous absous. D'Arcy a été votre époux dans la mort. Ce fut un sacrement, et le plus auguste de tous, que le mystère de cette nuit où vous acceptâtes son amour, une heure avant de mourir. Le lien de convention qui vous attachait à l'Église était rompu par la force. L'Église renaîtra ; mais Jouarre, Remiremont, Fontevrault, ces fondations plus aristocratiques que chrétiennes, ne revivront pas. On ne verra plus de ces abbesses qui avaient les droits régaliens, battaient monnaie, tenaient tête à Bossuet, qui leur a répondu en trois volumes. Ce n'est pas à l'Église chrétienne que vous étiez liée; vous aviez été engagée par votre naissance dans des institutions qui furent utiles à une époque fort ancienne, qui étaient devenues, de notre temps, des corporations mêlées de bien et d'abus, et dont votre haute raison a cherché à tirer le meilleur parti possible. Quand le tribunal révolutionnaire vous désigna pour la mort, Jouarre n'existait plus; vos vœux étaient sans objet. Restait l'éternel vœu, le sacrement aussi vieux que la nature, qui survit à toutes les lois, à tous les cultes. Vous connaissez mes sentiments : je ne dédaigne pas les rites; ils sont nécessaires. L'homme extraordinaire qui, dans ce moment, représente le génie de la France, m'initie à ses hautes pensées, et bientôt peut-être vous verrez éclater l'acte le plus inattendu de ce temps, acte destiné à concilier, en ce qui concerne la religion, les besoins anciens et les besoins nouveaux. Les rites sont nécessaires à l'homme en société. C'est la société qui les veut. Supposez deux êtres humains dans une île déserte; exigeriez-vous les rites ordinaires pour qu'ils pussent rétablir le cours de la vie? C'était un désert entre la vie et la mort que votre situation au Plessis. Il n'y avait plus de subsistant pour vous que la nature et l'éternité. L'incident imprévu qui vous sauva la vie n'a fait que confirmer le sacrement de la nuit. Votre enfant en a été le sceau, la consécration solennelle. Vous avez été mariée, ma chère sœur, mariée une première fois, et, si une seconde union a jamais été légitime, c'est dans le cas dont il s'agit.

Juliette traverse la scène avec son cerceau.

Avez-vous réfléchi à l'avenir de cet enfant? Son jeune âge prévient toute question indiscrète; mais sa présence dans notre monde est déjà difficile; dans quelques années, elle sera presque impossible. Cette enfant a droit à une famille, à des frères, à des sœurs. La Fresnais est le plus noble cœur qu'il y ait. Il sent comme nous. Il vous adore.

JULIE.

Arrêtez ; c'est trop cruel. Vous oubliez que La Fresnais ignore ce qui s'est passé. J'ai mieux aimé deux fois être avec lui absurde, dure, dissimulée ; j'ai mieux aimé paraître coupable et m'exposer au plus grave soupçon d'infamie que de lui révéler un mystère dont vous seul au monde avez le secret.

LE MARQUIS.

Il sait tout. Je lui ai tout dit hier.

Elle pousse un cri.

Je le devais. Depuis mon retour de l'émigration, diverses circonstances m'ont mis en rapport avec cet incomparable soldat. Il a bientôt su que vous étiez ma sœur. Il m'a exposé ses angoisses. Je devais à votre honneur, à l'honneur de notre maison, de lui tout raconter. La Fresnais est ici depuis deux jours. Nous sommes convenus que la situation devait finir par un éclat décisif. La Fresnais vous admire en vos épreuves encore plus qu'en votre jour de triomphe, ce jour où, devant le tribunal révolutionnaire, vous fûtes comme une lumineuse apparition de grandeur, de vertu, de beauté. Il a raison. Notre espèce serait véritablement avilie, si une femme telle que vous n'obtenait les hommages des plus hauts appréciateurs du mérite. La Fresnais est peut-être le premier de cette génération de guerriers merveilleux que la Révolution, par le son clair de son oliphant, a fait sortir de notre vieille terre. La prodigieuse campagne de Lecourbe, où l'on a vu nos jeunes soldats et les vieilles troupes de Souvarov se donner rendez-vous sur les glaciers du Gothard, pour s'y livrer un duel de géants, a été principalement soutenue par lui. Il représente, en ce siècle naissant, un principe excellent, l'anoblissement par la victoire, la pacification des luttes de classe par l'héroïsme. Soyez fière, ma chère amie, d'une telle union. Vous portiez un beau nom ; nos ancêtres ont servi glorieusement la France ; vous en porterez un tout aussi beau, celui d'un des hommes qui ont eu la part la plus glorieuse à cette œuvre de rénovation de la France, qui est l'objet de tous nos vœux.

Ce héros, pour lequel tout noble cœur de femme devrait battre, vous l'aimez. Je veux oublier que vous lui devez la vie ; vous me soutiendriez que cette vie a été pour vous le pire des dons, qu'en vous sauvant, La Fresnais vous a condamnée à des années de torture morale. Prenez garde à votre défaut. Vous forcez les limites de la nature humaine ; vous la faussez par votre grandeur. Si vous eussiez été une simple religieuse, confinée dans l'ancienne foi, ou une mauvaise religieuse, insoucieuse de devoirs auxquels elle ne croit pas, votre position eût été simple. Recluse obstinée ou mondaine toute profane, vous trouveriez, dans la société qui se prépare, des places également indiquées. Trop grande pour chercher l'oubli dans un cloître, trop grave pour le chercher dans les étourdissements d'une frivole mondanité, vous refusez l'unique solution qui s'offre à vous. Croyez-moi, chère amie. Le Dieu auquel nous croyons tous les deux vous parle par ma bouche. La raison de l'univers doit être entendue par le cœur. Votre morale ne saurait être celle de tous. Vous l'admettiez autrefois, chère abbesse incrédule, quand vous laissiez à un personnel inférieur le soin de croire pour vous et de pratiquer les devoirs humbles de la vie religieuse. Cette hauteur d'interprétation de la loi du devoir vous commande aujourd'hui de sortir, par un mariage avec La Fresnais, d'une situation impossible à continuer.

JULIE.

J'ai le respect des formes établies. Elles sont le soutien intérieur de ce grand corset d'osier qui maintient le colosse de la pauvre humanité. L'Église ne peut marier l'abbesse de Jouarre. Or un mariage où l'Église n'interviendrait pas serait de ma part un acte de haute inconvenance.

LE MARQUIS.

Rassurez-vous, chère sœur, les choses humaines mettent presque toujours le remède à côté du mal. Les situations irrégulières ont d'ordinaire pour issue des lois d'exception. La transformation que la Révolution a opérée dans la société française est bien plus profonde qu'on ne le croit. Tout doit être neuf; tous les liens sont rompus; les épaves de la vieille Église doivent servir; il faut les démarquer. Fouché veut être duc; Merlin oublie qu'il fut moine; Talleyrand ne peut rester évêque. Je vous ai dit les hautes pensées de l'effrayant génie qui s'efforce en ce moment de faire accepter les nécessités du passé à un avenir qu'il sait bien ne pas devoir être éternel. J'y suis mêlé par mes fonctions diplomatiques, et je peux vous dire que le cardinal Caprara est en ce moment à Paris pour signer un acte de pacification. D'une part, les consciences pieuses seront rassurées par l'adhésion du saint-père à l'ordre nouveau. De l'autre, la cour de Rome, toujours fortement influencée par la victoire, fera toutes les concessions dans les questions de personnes. Elle admet que ce qui est arrivé constitue une crise sans précédent. Talleyrand cessera d'être évêque ; Louis, son acolyte à la messe de la liberté, au Champ de Mars, va se donner tout entier aux finances. Vous le dirai-je ? Sans vous désigner, bien entendu, j'ai parlé dans les conseils de la possibilité d'une situation comme la vôtre. Voici le billet que j'ai reçu ce matin :

Le premier Consul me charge de vous écrire qu'il a parlé au cardinal Caprara et lui a fait comprendre qu'il était nécessaire, en vue de la paix des consciences, qu'il eût des pouvoirs pour des cas analogues à celui dont vous m'avez parlé. Le cardinal a répondu que le saint-père avait devancé sur ce point les désirs du premier Consul (léger sourire du marquis) et lui avait conféré à cet égard tous les pouvoirs canoniques, de telle sorte qu'une heure après la demande du premier Consul, la dispense serait accordée.

Ah! chère amie, chère amie (il l'embrasse), que voici le cas d'appliquer les principes qu'une raison supérieure vous a enseignés! C'est notre famille, décimée en ces néfastes années, qui, par ma voix, vous ordonne de contracter cette union.

JULIETTE, arrivant en courant.

Ah! maman, quand donc viendras-tu voir mes tulipes? Si tu savais comme elles sont belles!

On entend un carillon.

Tiens! qu'est-ce que cela? — François, qu'est-ce que cela?

FRANÇOIS.

Mademoiselle, on dit que c'est le Concordat. Je ne sais pas bien ce que c'est. Cela s'appelle Concordat. Il paraît que maintenant on va recommencer à dire la messe le dimanche. Moi, je n'y vais pas; mais je suis bien aise qu'on la dise tout de même.

LE MARQUIS.

Tout revit, tout renaît, chère sœur. Cette heure-ci est solennelle et sainte. — François !

FRANÇOIS.

A vos ordres, monsieur le marquis.

LE MARQUIS.

Va au pavillon qui est près de la porte de Garches, et prie le général qui est arrivé hier de venir nous rejoindre ici.

A sa sœur, avec des larmes dans la voix.

Quelles années terribles vous avez traversées, chère amie. Votre courage a été surhumain ; vous allez être récompensée par le bonheur. Ne méprisez pas systématiquement le bonheur. C'est le côté diurne de la réalité, dont l'épreuve est le côté nocturne. Ouvrez-vous à la joie ! Que de fois je vous ai entendue dire que l'Église, malgré ses décrépitudes, était encore le petit monde où vous aimiez la réalité, le cadran dont les aiguilles marquaient pour vous les heures de nuit et de jour. Écoutez sa joie, partagez-la.

Le carillon du village se fait entendre de nouveau.

Elle pleure.

Vous pleurez. Ah ! qu'il y a longtemps que cela vous manquait, ma chérie. Pleurez, pleurez. Oh ! que pleurer est une bonne et légitime chose ! La chrysalide du monde subit en ce moment une transformation profonde. C'est l'heure des pleurs et l'heure de la joie !

Le carillon recommence. Quelques notes seulement.

JULIETTE, s'arrêtant près de sa mère.

Maman, c'est le Concordat qui sonne. Pourquoi donc pleures-tu ?

SCÈNE III

Entre La Fresnais. Le marquis va au-devant de lui. Julie reste assise, baignée de pleurs.

LE MARQUIS.

Grand et noble ami, j'ai obtenu de ma sœur le

consentement à l'union qui était dans nos vœux à tous. Ce jour comptera entre les plus beaux de l'histoire de notre famille. Votre jeune gloire s'allie bien à notre vieil honneur. Je voudrais que ceux que nous avons perdus dans la tourmente fussent ici pour vous accueillir en frère, vous embrasser comme un des leurs.

JULIE se lève, forte et résolue.

Vous avez appris, monsieur, le mot d'une énigme qui a dû longtemps vous sembler inexplicable. J'ai lutté contre les sentiments les plus profonds de mon cœur; pendant sept ans, j'ai dû vous paraître ingrate, obstinée dans mes refus. Il m'était absolument impossible de vous révéler le motif de ces refus. C'était le secret d'un mort, et, si j'ai eu tort de céder à mon amour pour D'Arcy, je ne pouvais trouver d'excuse, au tribunal de ma propre conscience, que dans le caractère unique, étrange, presque fatal de cet amour. Tout autre amour m'était interdit, et, avec cela, j'aurais été coupable de ne pas voir ce que vous valez. Ah! monsieur, que j'ai souffert! Depuis longtemps la douleur m'eût consumée, si je n'avais été impérieusement rattachée à la vie par le besoin que cette enfant avait de moi.

<small>Juliette se jette dans les bras de sa mère ; elle lui prend la main et reste près d'elle jusqu'à la fin.</small>

Je ne sais, monsieur, si nous reverrons jamais la pleine joie, celle qui suppose l'inexpérience et la naïveté. Nous serons, je le crains, toujours un peu comme ces initiés antiques, qui, après avoir assisté aux visions terribles de certains mystères, pouvaient bien continuer de vivre encore, mais ne riaient plus. Nous avons vu trop de choses pour qu'il nous soit possible de reprendre la vie avec cette sérénité enfantine qui est l'heureux don des simples. Mais nous avons assez vécu tous les deux pour avoir appris que la désillusion est aussi une bonne condition de bonheur. Je vous aime, monsieur, d'un amour que des années de silence ont concentré, non affaibli. Pour des âmes comme les nôtres, l'amour ne va pas sans le devoir. Prenez-

ACTE CINQUIÈME.

moi telle que je suis, pour une ressuscitée à la vie, décidée à la recommencer avec vous.

Son visage se détend peu à peu et finit par devenir rayonnant.

Je revis avec la France ; je revis en vous et par vous. Je suis convaincue de n'être pas infidèle à l'homme grand et bon qui a été mon époux d'une nuit. Vous accepterez que son image ait la première place dans le sanctuaire de mes souvenirs. Cette enfant... (Juliette la regarde d'un œil étonné), cette enfant trouvera chez vous l'affection que son père lui eût donnée. Votre gloire, monsieur, je l'adopte et la fais mienne. Je suis fière de vous (elle lui tend la main) autant que d'un de mes ancêtres. Nous avons à refaire la France, unissons-nous. Grand et glorieux ami, il y a sept ans, votre amour, à votre insu, fut pour moi le pire des malheurs. Il me rejeta dans la vie, quand déjà un pacte sanglant avait été conclu entre mon honneur et la mort. Recevez aujourd'hui mon pardon. J'abdique ma fierté entre vos mains. Je m'étais interdit jusqu'ici d'être tendre et faible. L'amour avait été pour moi si noir de perfidies, que je m'étais prise à le haïr. En me donnant à vous, je suis sûre de ne trahir personne. Je la veux, je la veux, cette main héroïque, qui a tenu victorieuse l'épée de la France. Bénéficions du privilège de ceux qui ont vu de près la mort. Puisons dans notre hauteur morale et notre mépris de la vulgarité la force de vivre encore et d'aller au-devant des incertitudes de l'avenir.

<small>Légère impression de cloches dans l'air.</small>

LA FRESNAIS.

Bénis soient les scrupules qui, en différant mon bonheur, m'ont permis de vous voir encore vingt fois plus admirable que le jour terrible où, pour la première fois, sur les bancs du tribunal révolutionnaire, vous ravîtes mon cœur.

FIN.

CALMANN LÉVY, ÉDITEUR

ŒUVRES COMPLÈTES D'ERNEST RENAN

HISTOIRE
DES ORIGINES DU CHRISTIANISME

VIE DE JÉSUS.
LES APÔTRES.
SAINT PAUL, avec carte des voyages de saint Paul.
L'ANTECHRIST.
LES ÉVANGILES ET LA SECONDE GÉNÉRATION CHRÉTIENNE.
L'ÉGLISE CHRÉTIENNE.
MARC-AURÈLE ET LA FIN DU MONDE ANTIQUE.

INDEX GÉNÉRAL pour les sept volumes de l'HISTOIRE DES ORIGINES DU CHRISTIANISME.

Format in-8°

LE LIVRE DE JOB, traduit de l'hébreu, avec une étude sur le plan, l'âge et le caractère du poème. . . . . 1 volume.
LE CANTIQUE DES CANTIQUES, traduit de l'hébreu, avec une étude sur le plan, l'âge et le caractère du poème. . . —
L'ECCLÉSIASTE, traduit de l'hébreu, avec une étude sur l'âge et le caractère du livre. . . . . —
HISTOIRE GÉNÉRALE DES LANGUES SÉMITIQUES. . . . . . —
ETUDES D'HISTOIRE RELIGIEUSE. . . . . —
AVERROÈS ET L'AVERROISME, essai historique. . . . . . —
ESSAIS DE MORALE ET DE CRITIQUE. . . . . —
MÉLANGES D'HISTOIRE ET DE VOYAGES. . . . . —
QUESTIONS CONTEMPORAINES . . . . —
LA REFORME INTELLECTUELLE ET MORALE . . . . —
DIALOGUES PHILOSOPHIQUES. . . . . —
DE L'ORIGINE DU LANGAGE. . . . . —
CALIBAN, drame philosophique. . . . . —
L'EAU DE JOUVENCE, drame philosophique . . . . —
LE PRÊTRE DE NEMI, drame philosophique . . . . —
VIE DE JÉSUS, édition illustrée. . . . . —
SOUVENIRS D'ENFANCE ET DE JEUNESSE. . . . . —

MISSION DE PHÉNICIE. — Cet ouvrage se compose d'un volume in-4° de texte, de 888 pages et un volume in-folio, composé de 70 planches, un titre et une table des planches.

Format grand in-18

CONFÉRENCES D'ANGLETERRE. . . . . 1 volume.
ETUDES D'HISTOIRE RELIGIEUSE. . . . . —
VIE DE JÉSUS, édition populaire.

Brochures

LA CHAIRE D'HÉBREU AU COLLÈGE DE FRANCE.
DE LA PART DES PEUPLES SÉMITIQUES DANS L'HISTOIRE DE LA CIVILISATION.
DISCOURS DE RÉCEPTION A L'ACADÉMIE FRANÇAISE.
LETTRE A UN AMI D'ALLEMAGNE.
LA MONARCHIE CONSTITUTIONNELLE EN FRANCE.
LA PART DE LA FAMILLE ET DE L'ETAT DANS L'ÉDUCATION.
SPINOZA. Conférence donnée à la Haye.
L'ISLAMISME ET LA SCIENCE.
LE JUDAÏSME, considéré comme race et comme religion.

En collaboration avec M. VICTOR LECLERC

HISTOIRE LITTÉRAIRE DE LA FRANCE AU XIV° SIÈCLE. — Deux volumes. grand in-8°.

Paris. — Imprimerie PH. Bosc, 3, rue Auber

www.ingramcontent.com/pod-product-compliance
Lightning Source LLC
Chambersburg PA
CBHW060203100426
42744CB00007B/1146